数字化转型下的制造企业创新升级理论与实践

令狐克睿　著

中国财经出版传媒集团
中国财政经济出版社

图书在版编目（CIP）数据

数字化转型下的制造企业创新升级理论与实践／令狐克睿著. --北京：中国财政经济出版社，2023.7

ISBN 978-7-5223-1620-8

Ⅰ.①数… Ⅱ.①令… Ⅲ.①制造工业-企业创新-研究-贵州 Ⅳ.①F426.4

中国版本图书馆CIP数据核字（2022）第135639号

责任编辑：马 真　　　　责任校对：胡永立
封面设计：思梵星尚　　　　责任印制：张 健

数字化转型下的制造企业创新升级理论与实践
SHUZIHUA ZHUANXINGXIA DE ZHIZAO QIYE CHUANGXIN SHENGJI LILUN YU SHI JIAN

中国财政经济出版社 出版

URL：http：//www.cfeph.cn
E-mail：cfeph@cfeph.cn

社址：北京市海淀区阜成路甲28号　邮政编码：100142
营销中心电话：010-88191522
天猫网店：中国财政经济出版社旗舰店
网址：https：//zgczjjcbs.tmall.com
北京财经印刷厂印刷　各地新华书店经销
成品尺寸：170mm×240mm　16开　15.5印张　230 000字
2023年7月第1版　2023年7月北京第1次印刷
定价：62.00元
ISBN 978-7-5223-1620-8
（图书出现印装问题，本社负责调换，电话：010-88190548）
本社质量投诉电话：010-88190744
打击盗版举报热线：010-88191661　QQ：2242791300

前　言

数字经济时代，数字资源和数字技术的广泛运用，对社会各行各业都带来不同程度的影响。实体经济对社会经济的发展至关重要，制造业是实体经济的重要组成部分，传统制造企业的生产、制造、销售、品牌推广等模式更是受到数字化的颠覆性影响。许多传统制造企业正在数字化转型的创新发展之路上进行着探寻和努力。

国家高度重视数字经济的发展，并将数字经济和实体经济融合发展成为我国实现制造强国的战略行动。可以说，数字经济对制造企业创新发展而言，带来了前所未有的机遇和挑战，研究数字化转型和数据如何赋能制造企业创新升级对制造企业的发展而言具有时代意义。我国作为制造业大国，近年来一直大力推进制造业数字化转型，贵州作为一个制造业发展相对落后的省份和全国首个大数据综合试验区，近年来，在数字经济和工业经济融合发展中表现出较好的势头，也取得了较为瞩目的成绩，探讨贵州制造创新升级的实践，就显得很有必要性。

本书基于数字化转型的视角，以数据赋能和制造企业创新升级理论为基础，探究在数字化转型的背景下，数据如何赋能制造企业创新升级。全书分为理论和实践两部分。第一至八章是有关数字化转型和数据赋能制造企业创新升级的理论研究，包括数据赋能制造企业商业模式创新和数字化赋能制造企业服务化。第九至十一章是有关数字化转型背景下贵州制造企业创新升级的实践研究，包括数字化背景下贵州制造企业创新升级的必要性和环境分析，数字化背景下贵州制造企业创新升级的典型案例和对策建议。

本书由令狐克睿负责整体设计和各章内容的编写。本书参阅了大量有关数字化转型、数据赋能、制造业商业模式创新、服务化和服务创新的研究文献和资料，以及贵州制造业发展的相关资料和数据，也尽可能在资料来源和参考文献中标注，如有遗漏之处在此深表歉意。另外，由于数字化转型和数据赋能制造企业创新升级属于新兴研究课题，加之作者水平有限，书中也难免存在不足之处，敬请广大读者批评指正。

令狐克睿

2023 年 6 月 30 日

目　录

第一章　绪论　/ 1

一、研究背景　/ 3

二、本书研究结构　/ 11

三、研究技术路线　/ 13

第二章　数字化转型概述　/ 15

一、数字化转型的内涵　/ 17

二、数字化转型的类别　/ 18

三、数字化对企业的影响　/ 19

四、数字化转型与企业创新升级　/ 21

五、数字化转型与制造企业创新升级　/ 22

第三章　数据赋能概述　/ 25

一、数据赋能的内涵　/ 27

二、数据赋能的分类　/ 30

三、数据赋能的相关理论　/ 32

四、数据赋能影响的相关研究　/ 36

五、本章小结　/ 40

第四章　制造业服务化概述　/ 43

一、制造业服务化的内涵　/ 45

二、制造业服务化的驱动力　/ 50

三、制造业服务化的趋势　/ 58

四、制造业服务化的路径 / 64
五、制造业服务化的模式 / 66
六、制造业服务化的影响因素 / 70
七、本章小结 / 75

第五章 商业模式与商业模式创新概述 / 79
一、商业模式的内涵 / 81
二、商业模式价值创造的理论基础 / 84
三、商业模式核心要素研究 / 87
四、商业模式创新 / 89
五、本章小结 / 91

第六章 制造企业服务创新概述 / 93
一、服务创新的内涵 / 95
二、有关服务创新绩效的测量维度 / 96
三、制造企业服务创新绩效的驱动因素 / 98
四、数字化转型与制造企业服务创新 / 99
五、数据赋能与制造企业服务创新 / 101
六、本章小结 / 102

第七章 数字化赋能制造企业服务化转型路径和模式 / 103
一、引言 / 105
二、数字化赋能制造企业服务化转型的路径选择 / 106
三、数字化赋能制造企业服务化战略模式选择 / 108
四、数字化赋能制造企业服务化战略转型策略 / 116

第八章 数据赋能制造企业商业模式创新路径 / 123
一、数据赋能和商业模式创新的理论基础 / 125
二、数据赋能下的商业模式要素 / 127

三、数据赋能制造企业商业模式创新的路径 / 130
四、本章小结 / 138

第九章 贵州制造业现状和创新升级必要性分析 / 139
一、贵州制造业的发展现状 / 141
二、贵州制造业发展存在的主要问题 / 150
三、贵州制造企业创新升级的必要性 / 155

第十章 贵州制造企业创新升级的环境分析 / 159
一、贵州制造企业创新升级面临的国内外环境 / 161
二、贵州制造企业创新升级的 SWOT 分析 / 163

第十一章 贵州制造企业创新升级的典型案例 / 171
一、贵州制造企业创新升级的实践 / 173
二、贵州航宇科技的创新升级实践 / 175
三、贵州航天电器的创新升级实践 / 184
四、贵阳新天光电的创新升级实践 / 196
五、本章小结 / 206

第十二章 推动数据赋能贵州制造企业创新升级的政策建议 / 209
一、制定制造企业创新升级战略，强化政府顶层设计 / 212
二、完善金融扶持政策 / 214
三、加强财政税收政策扶持，打造一流税收营商环境 / 215
四、完善制造业创新体系，提高制造企业的自主创新能力 / 216
五、完善人才引进和培养体系 / 217

参考文献 / 219

第一章

绪　论

一、研究背景

（一）现实背景

实体经济是社会经济发展的基础，加快发展先进制造业，既是推动经济发展的重要内容，也是全面建设社会主义现代化强国、推进制造强国的客观要求。《中华人民共和国国民经济和社会发展第十四个五年规划和2035年远景目标纲要》指出，2035年我国远景目标是基本实现新型工业化、信息化，建成现代化经济体系，加快发展现代产业体系、巩固壮大实体经济根基是我国“十四五”期间的主要任务。制造业是实体经济的重要支撑，我国正在积极推进制造企业创新发展，通过服务创新、服务化和商业模式变革等实现创新升级，逐步提升我国制造企业的国际竞争力。在技术革命和新冠疫情等因素的多重影响下，我国制造企业面临的竞争环境更加复杂和不确定，必须通过持续的创新活动，推进经济高质量发展。

数字经济是未来经济的新制高点，通过数据赋能打造数字经济新优势成为新时期制造企业发挥战略引领作用的关键领域。依据中国信息通信研究院2022年7月发布的《中国数字经济发展白皮书》中的相关数据，2021年中国数字经济规模达到45.5万亿元，同比名义增长16.2%，占GDP比重为39.8%。2012—2021年数字经济年均增长率达15.9%，远远高于同期GDP年均增长率。2021年，我国数字产业化规模达到8.4万亿元，同比名义增长11.9%；产业数字化规模达到37.2万亿元，同比名义增长17.2%。2021年，产业数字化占数字经济比重超八成，达到82%。可以看出，各行业已经充分认识到数字经济发展的重要性，数字经济与实体经济深度融合不断促进经济与社会发展的质量变革。

数字经济时代，大数据、云计算、人工智能、区块链、物联网、工业互联网、虚拟现实和增强现实等技术成为重要的生产要素资源，据预测，中国将在2025年形成全球最大的数据圈。近年来，国家围绕数字中国、数字化转型等制定了推动实体经济与数字经济深度融合、打造具有国际竞争力的数字产业集群等新一轮战略部署，广泛推动实体经济数字化转型已势在必行。制造企业是实体经济的重要组成部分，这就要求制造企业要发挥数字化经济的主力军作用。国务院国资委2020年发布《关于加快推进国有企业数字化转型工作的通知》，强调要促进数字经济和实体经济融合发展，加速传统产业全方面、全角度、全链条的数字化转型，通过引导开展数字化战略促进企业数字化、网络化、智能化发展，全面赋能国有经济高质量发展（戚聿东等，2021）。打造数字经济新优势，已经成为我国“十四五”期间的重要规划，推动数字产业化和产业数字化转型是我国经济发展新形势下的迫切任务。2022年12月，习近平总书记在参加中央经济工作会议时再次强调，要大力发展数字经济。2022年底，中共中央、国务院发布《关于构建数据基础制度更好发挥数据要素作用的意见》，对做强做优做大数字经济、增强经济发展新动能提出了具体意见。促进数字技术与实体经济深度融合，赋能传统产业转型升级，催生新业态模式，将有助于做强我国数字经济。

近年来，《网络强国战略实施纲要》《数字经济发展战略纲要》《“十四五”数字经济发展规划》《“十四五”国家信息化规划》《“十四五”大数据产业发展规划》等重大战略规划陆续出台，形成了推动数字经济发展的强大合力，极大激发和释放了我国数字经济发展的巨大潜能。国务院印发《“十四五”数字经济发展规划》为中国数字经济创新发展描绘了宏伟蓝图：“到2025年，数字经济迈向全面扩展期，数字经济核心产业增加值占GDP比重达到10%，数字化创新引领发展能力大幅提升，智能化水平明显增强，数字技术与实体经济融合取得显著成效，数字经济治理体系更加完善，我国数字经济竞争力和影响力稳步提升。”

贵州制造业长期以来整体竞争力不强，但随着近年来贵州对大数据和制造业发展的重视，经历了2010—2020年黄金10年发展期的贵州，制造业开始呈现稳中求进、转型加快的良好态势。但是，和其他发达地区相比，贵州工业化进程仍旧落后，制造业并未充分发展起来。数据赋能正推动全球经济发生深刻变革。大数据、人工智能和云计算等信息技术的广泛应用重塑了企业资源和能力，使企业组织结构、商业模式和战略决策发生根本变化（Ojala 等，2018；陈冬梅等，2020）。作为企业的重要战略决策，制造企业的创新升级无疑会受到数据赋能的深刻影响。要实现贵州制造业高质量发展，坚持数据驱动是关键举措。大数据和制造业是推动贵州经济发展的重要支撑，基于数据赋能的制造业转型升级已经成为提升制造业核心竞争力和高质量发展的必然趋势。2021 年贵州省政府工作报告提出，“十四五”时期贵州要全力以赴在实施数字经济战略上抢占先机，要协同推进数字产业化和产业数字化转型。近年来，贵州依托资源优势，推动数字经济发展，抢占大数据发展的先机，成为全国首个大数据综合试验区。数字经济和实体经济融合也初见端倪。那么，如何利用大数据发展的先决优势，充分利用海量数据的优势，让贵州制造业在数字经济战略上抢占先机？这值得系统和深入地研究。

就贵州制造业转型升级而言，一方面，制造企业创新升级对实现贵州制造业高质量发展至关重要。任何产业的发展，需要与时俱进顺应时代和技术的变革。在数字经济时代下，传统制造业无论是商业运作关系、资源配置，还是价值创造的模式都应该进行变革。而这些问题都将落脚于企业的创新升级。另一方面，数据赋能为制造业高质量发展指引了新方向。随着移动互联网和数字技术的发展，数据和数据技术对社会各行业的赋能影响变得广泛且深远（孙新波等，2020）。众多企业，诸如腾讯、京东、阿里等平台生态企业，以及海尔、华为等制造企业都强调数据的赋能价值，都通过数据资源和技术助力企业发展。可以看出，数字化转型成为制造业转型升级的方向，基于数据赋能的创新升级成为贵州制造企业发展的必然趋势。

1. 各国、各地提出制造业数字化转型战略

近年来，在全球制造业转型的背景下，中国和西方国家从战略高度提出工业、制造业的转型方向，包括：美国的“工业互联网”、德国的“工业 4.0”、韩国的“制造业创新 3.0”、“欧盟新工业战略”、英国的“工业

2050 战略”，以及“中国制造 2025”等战略。2011 年，GE 公司提出“工业互联网”的概念；2012 年，美国政府发布“工业互联网”战略；2013 年，中国开始关注这一概念。工业互联网注重企业的“软”服务，包括软件、网络和大数据，促进工业化和信息化的融合，对工业企业的传统商业模式是一种颠覆。支撑制造业转型升级的不仅是技术，更需要商业模式的创新。2013 年，德国政府以提高德国工业竞争力为目的提出“工业 4.0”战略。“工业 4.0”基于信息物理系统（cyber physical system，CPS）实现新的制造方式，关注产品的整个生命周期的不同阶段，包括设计与开发、安排生产计划、管控生产过程以及产品的售后服务，通过网络与物理生产系统融合改变工业生产与服务模式。中国作为世界上最大的发展中国家和制造大国，正大力推进制造业转型，2015 年 3 月，国务院常务会议部署推进实施“中国制造 2025”，会议强调中国制造要以数字化与工业化深度融合为主线，重点发展一批工业重点领域，包括信息技术、航空航天、海洋工程及高技术船舶、先进轨道交通、节能与新能源汽车、电力、新材料、农业机械装备、生物医药及高性能医疗器械十大重点领域，早在 2015 年，这些规划就顺应了“互联网 +”的发展趋势。

在数字经济时代，制造业的创新升级必然涉及数字化问题。2020 年 3 月中共中央、国务院印发《关于构建更加完善的要素市场化配置体制机制的意见》，明确指出要加快培育数据要素市场和提升社会数据资源价值。而《国民经济和社会发展第十四个五年规划和 2035 年远景目标纲要》正是顺应了数字经济发展的趋势，特别重视实体经济的数字化转型，强调要深入实施制造强国战略，促进实体经济和数字经济的融合发展。

此外，其他诸多发达国家或地区也相继提出数字化转型的相关政策，包括：美国 2020 年 10 月提出《关键与信息技术国家战略》，欧盟 2021 年 3 月发布的《欧盟数据战略》《人工智能白皮书》和“2030 数字罗盘”计划，英国 2020 年 9 月提出“国家数据战略”，德国 2020 年 6 月提出《未来一揽子计划》，韩国 2020 年 9 月提出“基于数字的产业创新发展战略”等。各国或地区有关制造业和数字化转型的相关政策如表 1－1 所示。

表1-1 各国或地区有关制造业和数字化转型的相关政策

国家/地区	制造业升级政策	数字化转型政策
美国	工业互联网（2013年）	《关键与信息技术国家战略》（2020年10月）
欧盟	《欧盟新工业战略》（2020年3月）	《欧盟数据战略》《人工智能白皮书》及“2030数字罗盘”计划（2021年3月）
英国	英国工业2050战略（2013年10月）	国家数据战略（2020年9月）
德国	工业4.0（2013年4月）	未来一揽子计划（2020年6月）
韩国	《制造业创新3.0战略实施方案》（2015年3月）	基于数字的产业创新发展战略（2020年9月）
中国	中国制造2025（2015年5月）	2021年“十四五”规划和2035远景目标纲要

资料来源：根据政府网站和网络相关资料整理。

作为当前中国经济发展的“主旋律”，数字化转型成为2023年地方政府工作的重要部署内容，成为各地2023年经济发展的重要抓手。在数字化转型的大背景下，我国各省市都提出数字化转型和制造业升级规划，例如：北京和上海都强调全面建设数字城市，助推制造业数字化升级；浙江省已全面实施数字经济“一号工程”；江苏省出台《关于推动传统制造业数字化转型的建议》；广东省制定《制造业数字化转型实施方案（2021—2025年）》；山东省实施“数字山东2021行动方案”；重庆基于中国国际智能产业博览会为平台，主攻发展智能产业。在数字经济时代，对中国制造企业而言，通过数据赋能于制造业，实现数据赋能的制造业创新升级是大势所趋。北京提出2023年数字经济增加值占地区生产总值比重达42%左右；广东提出2023年计划新推动5000家规模以上工业企业数字化转型；江西计划2023年培育数字经济“专精特新”企业100家以上；江苏提出2023年深入实施数字经济核心产业加速行动计划。

2. 现代制造企业都在积极推进创新升级

制造业的创新发展，无论是技术还是服务，要想实现高质量发展，都将落脚于商业模式创新。在全球范围内，有超过1/3的大型制造企业都顺应技术和竞争环境的变化而进行商业模式创新，苹果、IBM和GE等大型跨国公司都是制造业进行创新升级的典型案例。苹果公司通过服务化和服务创新，将附加值较低的生产和组装环节交由其他国家来完成，自己则牢牢控制着附加值较高的产品设计和服务环节，从而获取了高额附加值。GE在20世纪80年代还是以制造收入为主要收入的公司，从20世纪90年代开始，通过商业模式创新，金融业务成为发展最为强劲的业务之一，GE多年来相当大比重的利润来源于金融，公司通过服务创新，成功走出了多年来的低绩效困境，公司的服务业务创造的产值占公司总产值比重的70%。因此，公司也逐渐从以制造业主导转变为世界上最大的提供技术和服务业务融合创新的跨国公司。基于“工业互联网”的概念，GE通过重塑业务组合，继续推动商业模式创新，服务覆盖了工业制造企业的整个生态链，从产品概念设计、制造生产，以及供应链、物流管理，直至流向市场，并以互联网、物联网、大数据、云计算和移动通信技术等优化工业制造流程，提升工作效率，降低成本。此外，IBM公司通过十多年的努力，从单纯的硬件制造商成功转型为“解决方案提供商”，公司服务业务收入所占公司总产值比重也达到了50%以上。罗尔斯—罗伊斯公司通过商业模式创新，扩展出发动机维护、租赁和数据分析管理等增值服务，其服务收入达到公司总收入的53.7%（Johnstone等，2009）。

在国内，诸多大中型制造企业顺应数字化趋势，努力推进创新升级。例如，白云电气集团从1979年打铁起步开始，已经历了五个阶段、40多年的转型升级，目前已经从传统电力装备制造企业转型为充分利用“云、大、物、智、移”技术的“产品+服务”的电力能源综合解决方案服务商，成为中国电力装备制造的领军企业。陕西鼓风机集团在其转型发展过程中，从生产型制造成功转向服务型制造，近年来更是加速数字化和智能化创新，形成独具特色的智慧创新“陕鼓模式”，助推中国制造的管理模式在全球崛起。

中国陕西鼓风机集团从单一产品供应商向能量转换领域系统解决方案商和系统服务商转变，一跃成为目前国内制造企业创新升级的典型代表（刘晓彦等，2019）。华为公司通过商业模式创新，成功实现了服务创新（王娟，2019）。世界经济实践表明：制造企业通过商业模式创新，有利于企业产品附加值的提高，价值链的延伸，且能够为深陷竞争困境的传统制造业企业实现高财务绩效的获取，以及新的竞争优势重构（Freije I、Calle A D L等，2018；Valtakoski A、Witell L，2018；吴晓波、房珂一、吴东，2020）。

从国际国内大型制造企业的发展趋势可以看出，制造企业根据环境的变化而持续不断地进行着创新升级，进而实现企业持续的利润增值，制造企业创新升级是企业保持竞争优势的关键。传统的制造企业已经不能适应“数字经济”的发展需要，基于数据赋能企业创新升级是制造企业顺应时代发展的必然选择。

3. 基于数据赋能的制造企业创新升级成为必然

近年来，我国经济正在朝着创新发展的道路大步前进，数字经济发展被提到了前所未有的高度，数字经济和实体经济融合发展已经成为国家战略部署的重点。数据资源、数据技术等在制造业等实体经济中发挥了不可忽视的作用。以贵州为例，经历了黄金十年发展期的贵州制造业开始呈现稳中求进、转型加快的良好态势。2018 年 12 月，贵州省工业和信息化厅委托评选的“贵州省最具成长潜力民营企业百强”中，制造业企业占比达41%。“十三五”期间，贵州围绕数据强省和工业战略，推进大数据与制造业紧密融合，加快“贵州制造”向“服务型制造”和“智能制造”的商业模式转变。2018 年 12 月，贵州省人民政府印发《贵州省十大千亿级工业产业振兴行动方案》，强调深化实施工业强省战略，围绕大数据战略行动，将互联网、大数据、人工智能与工业企业深度融合，努力打造具有贵州特色的现代工业体系，为全省经济社会高质量发展提供有力支撑。为贯彻落实《贵州省十大千亿级工业产业振兴行动方案》，2019 年 6 月提出的《贵州省先进装备制造产业振兴行动实施方案》明确支持大数据和制造业的紧密融合，实现贵州装备制造业振兴。2021 年，贵州省政府工作报告更是明确指出，在“十四五”时期要加快数字化发展，协同推进数字产业化和产业数字化转型，数字化产业与制造业融合发展成为重中之重。2021 年贵州全省半年经济工作会议指出，在“十四五”期间，贵州正加快制造业的数字化发展，大力推动数字技术和制造企业的深度融合，数据赋能制造业实体经济。由此可见，大数据和制造业发展已成推动贵州经济发展的重要支撑，基于数据赋能驱动的制造企业创新升级已成为提升制造业核心竞争力的必然趋势。对全国而言，数据赋能对制造业创新升级发展也成为一种必然趋势。

（二）理论背景

近年来，关于企业创新升级的研究已经呈现较为丰富的成果，此外，随着数字经济的快速发展，数据赋能近年来成为制造业转型升级研究的重要议题。学者开始关注数据如何赋能于制造企业，包括数据赋能制造业价值共创、创新升级和商业模式创新等。

1. 制造企业创新升级和数据赋能成为学术研究热点

文献资料表明，学术界、商业界和政府对制造企业创新升级的兴趣越发浓厚。从 CNKI 以制造企业创新升级为主题的研究统计来看，国内对该主题的研究在近年来一直保持持续上升趋势。包括制造企业商业模式创新、服务化升级和服务创新等都成为研究焦点。

有关数据赋能的研究表明，数据赋能源于赋能的相关研究，国外有关数据赋能的研究开始比国内稍早，国内有关研究从 2018 年开始正式出现，2020 年和 2021 年相关研究出现大幅增长。由此可以看出，在数字经济时代的背景下，数据赋能成为炙手可热的研究新热点。

2. 创新升级有利于制造企业实现高质量发展

持续创新是中小制造企业跨越现有障碍和保持竞争优势的源泉（池毛毛等，2020）。制造业与信息技术、服务业等边界越来越模糊，产业间的融合加剧，商业模式不断变化。商业模式创新是指组织为了实现更高价值增值而对包含价值创造、价值传递和价值获取的一系列组织活动和架构所进行的创新变革（Zott，2011）。商业模式创新强调企业价值主张、价值创造、价值获取、关键业务、核心资源、商业运作等一系列的创新。制造业企业要实现高质量发展，必须适应不断变化的外部技术和市场等竞争环境。创新升级将有助于制造企业适应内外部环境的变化，从而实现高质量发展。

3. 数据赋能制造企业创新升级是必然趋势

赋能是未来组织最重要的职能之一（郝金磊等，2018），近年来，有关赋能的内涵不断拓展。随着大数据技术和数字经济的发展，数据赋能成为数字经济环境下企业实现资源整合和资源赋能的关键。数据赋能既能够有效推动企业数字化转型，也能够有效促进价值共创的实现（周文辉等，2018）。在学术研究的较多领域，也都聚焦于数据赋能各行各业，包括制造、电子商务、旅游、金融、保险、教育等领域都出现了数据赋能的研究。数字化时代，海量的数据资源和先进的数据技术给制造企业数字化转型和创新发展带来了机遇（Li 等，2018；周文辉等，2018）。例如，海尔、红领、百丽等企业通过数字化战略成功实现转型。相关研究也开始关注数字化转型及其对于企业绩效的影响机制（Vial，2019）。

产业创新来源于资源整合和数据赋能，数据赋能对我国传统产业的转型升级产生积极影响，也为制造业的商业模式创新指明了数字化转型的方向。但制造企业在数字化转型过程中可能会面临一些挑战，如可能会打乱现有流程、结构、关系和资源配置等。因此，如何抓住机遇并应对数字化转型带来的挑战，通过数据赋能实现制造企业商业模式创新是学术界和业界关心的焦点问题。贵州作为后起经济体，也必然要适应通过数据赋能数字经济和实体经济融合发展的趋势。通过数据赋能制造企业创新升级是数字经济下制造业发展升级的必然趋势。

从现实和理论背景来看，制造企业创新升级有助于实现制造业的高质量发展，制造商必须面对并顺应这个趋势。而数据赋能对传统制造业转型升级的作用越发明显，无论是对制造企业创新升级的技术支持、创新路径还是创新模式，都具有不可忽视的作用。

二、本书研究结构

本书的第一章首先阐述制造企业创新升级和数据赋能的现实和理论背

景，然后指出了本书的研究结构和技术路线，该部分内容为全书后续内容的开展勾勒了整体框架结构和研究思路；第二章界定了数字化转型的概念和相关理论；第三章界定了数据赋能的概念，明确了数据赋能的理论基础和相关影响因素；第四章明确了制造业服务化升级的内涵、发展趋势、路径和模式等；第五章厘清了商业模式创新的核心要素和创新内涵；第六章，分析了制造业服务创新的内涵、绩效和影响因素。第二章、第三章、第四章、第五章和第六章为后续探讨数字化转型和数据赋能与制造企业创新升级的关系奠定了理论基础。第七章指出数字化赋能制造企业服务化升级的路径和模式。第八章分析了数据赋能制造企业商业模式创新的要素和可能的路径。第七章和第八章分别是对数字化和数据赋能制造企业创新升级的理论分析，为制造企业创新升级提出了思路，也指引了方向。第九章、第十章和第十一章是对贵州制造企业创新升级的实践分析，包括：通过贵州制造业现状进行调研，深入了解贵州制造业发展的状况和存在的问题，指出贵州制造企业进行创新升级的必要性进行分析，还对贵州制造企业创新升级的典型案例进行分析，指出其创新升级的概况和创新升级带来的收益。第十二章提出通过数字化赋能贵州制造企业创新升级的相关建议。研究框架如图 1－1 所示。

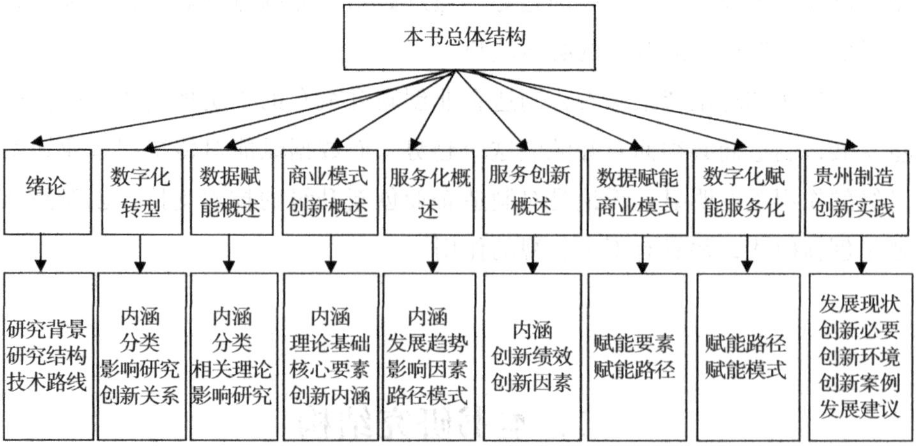

图 1－1　本书研究结构

三、研究技术路线

本书基于“理论基础—理论分析—实践表现”的研究思路，第一部分首先阐述数字化和数据赋能制造企业创新升级的现实和理论背景，定义数字化转型、数据赋能和制造企业创新升级的内涵和本质，探讨数字化转型、数据赋能与制造企业创新升级的关系，明确制造企业创新升级表现为：服务化升级、商业模式创新和服务创新；第二部分是对制造企业创新升级的理论分析，基于数字化转型和数据赋能的视角，以制造企业为研究对象，对制造企业服务化升级的路径和模式、商业模式创新路径选择以及服务创新的形成机制进行研究；第三部分对贵州制造企业创新升级的实践进行研究，通过对贵州制造业现状进行调研，深入了解贵州制造业发展的状况和存在的问题，对贵州制造企业创新升级的必要性和典型案例进行分析，指出其创新升级的概况和创新升级带来的收益；最后，提出促进数字化赋能贵州制造企业创新升级的相关建议。本书研究技术路线如图 1 - 2 所示。

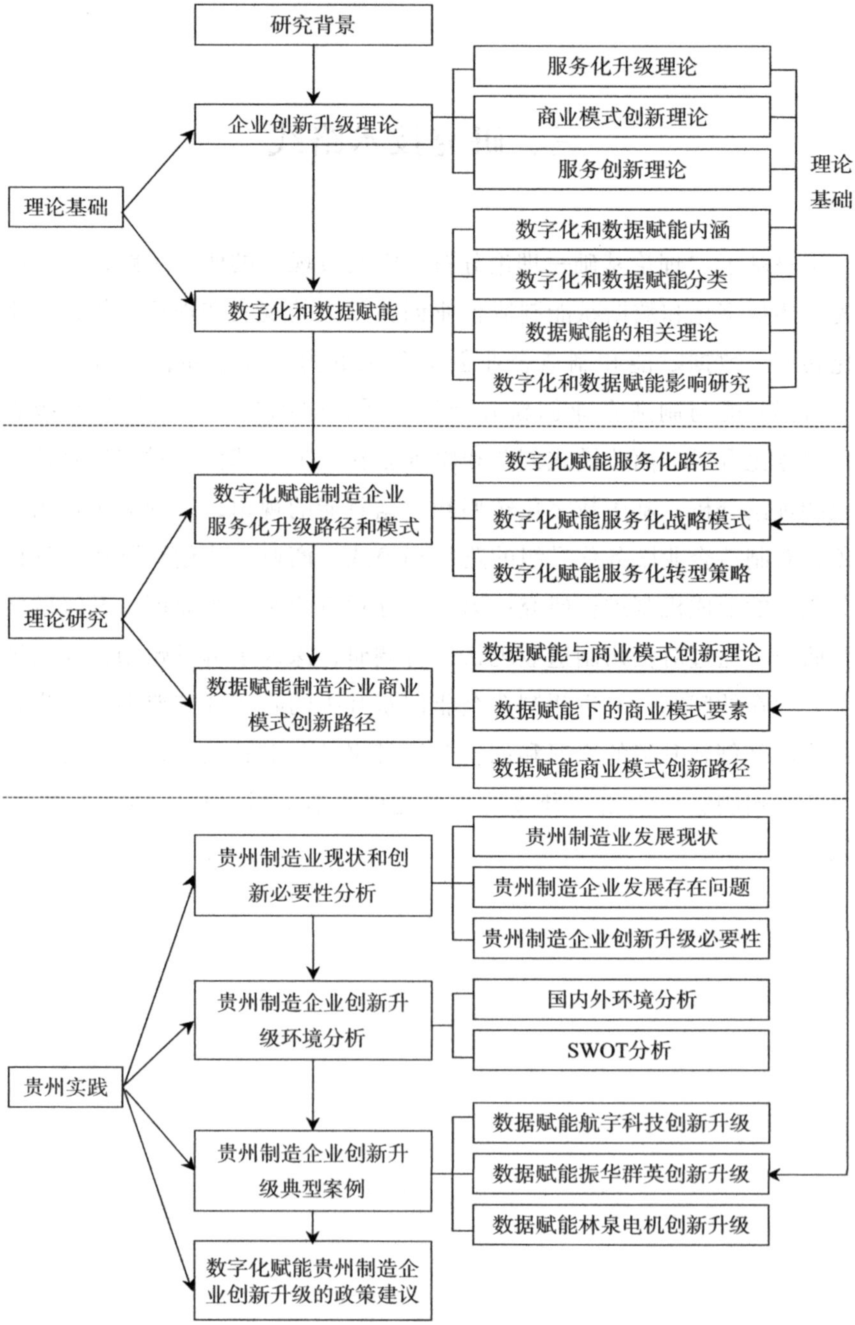

图 1-2 本书的研究技术路线

第二章

数字化转型概述

一、数字化转型的内涵

数字化转型（Digital Transformation，DT）的概念源于数字技术在各行业的应用，随着数字技术的发展，数字化转型的概念亦进一步拓展。对社会经济而言，数字化转型是指通过使用数字技术使社会和行业发生深刻变革（Majchrzak 等，2016），是在信息技术应用不断创新和数据资源持续增长的双重叠加作用下经济、社会和政府的变革和重塑过程（翟云等，2021）。对企业而言，数字化转型是数字技术与企业战略的深度融合，通过学习、创新、整合、协作等机制使资源与能力、商业模式、业务流程、产品或服务乃至商业生态等发生数字化的系统变革（Hanelt 等，2020；Li 等，2018）。中国国家发改委将数字化转型定义为：传统企业通过将生产、管理、销售各环节都与云计算、互联网、大数据相结合，促进企业研发设计、生产加工、经营管理、销售服务等业务数字化转型（陈雪频，2023）。

企业的“数字化转型”是企业在生产、经营和服务过程中，应用数字技术减少重复劳动，或以先进数字技术取代传统数字技术的变革过程（Ebert 和 Duarte，2018）。因此，企业数字化转型是建立在数字技术基础上的变革过程，反映了企业通过数字化技术能够进行变革和转型的程度（池毛毛等，2020）。企业数字化转型作为一个系统的改革过程，包含数字技术应用和组织变革两个明显特征。企业数字化转型的前提是数字技术的应用，表现出企业资源和能力、产品服务、业务流程、组织网络和市场战略等的变革（Hanelt 等，2020；Verhoef，2019；Chanias 等，2019），可能实现业务改进和效率提升等（Vial，2019；Fischer 等，2020）。

二、数字化转型的类别

有关数字化转型类别的研究而言，部分研究从单一维度测量数字化转型。例如，Libert 等（2016）、Vial（2019）、Chanias 等（2019）、池毛毛等（2020）从数字化技术运营、整合和转变三个指标衡量数字化转型。由于数字化转型难以度量，缺乏相关统计数据，运用实证范式研究数字化转型对企业产生的影响一直面临着诸多困难。部分学者在定量分析上进行了各种尝试，何帆和刘红霞（2019）通过公告信息判断企业是否进行了数字化转型，但这种处理方法无法刻画企业数字化转型的"强度"，可能导致企业数字化转型效果估计失真。随着爬虫技术和文本分析技术在经济学研究中的快速普及，数据方面的阻碍正在慢慢减少，刘墨林等（2021）、倪克金和刘修岩（2021）、吴非等（2021）和赵宸宇（2021）等都通过爬虫程序，对上市公司年报有关数字化转型（Digital）的关键词，诸如包括人工智能技术、数字技术和互联网信息技术等词频进行提取，并加总这些词频得到企业数字化转型指数。

更多研究将企业数字化转型分为业务流程数字化和产品服务数字化。余菲菲等（2021）指出企业数字化涉及业务流程、产品与服务、价值链和数字技术运用等方面。Lenka 等（2017）、Ritter 和 Pedersen（2020）关注企业的产品数字化，而 Martinez－Caro（2020）和 Adomako 等（2021）则强调了企业数字化中业务流程数字化的重要性。企业流程数字化（Business Process Digitization）是指企业使用数字技术支持新的业务流程或补充现有活动和流程（Adomako 等，2021），包括生产、管理和销售等各个业务层面的数字化（傅颖等，2021）。产品服务数字化包含了产品数字化和服务数字化，是指企业运用数字化技术，研发装载智能组件的数字化产品（Ritter 和 Pedersen，2020），帮助用户智能连接设施设备和随时随地获得更多产品服务（余菲菲等，2021）。对制造企业而言，业务流程数字化和产品服务数字化是数字化转型的主要体现。

三、数字化对企业的影响

（一）数字化改变企业商业模式

企业的商业模式是由价值创造、价值传递、价值获取和价值网络等相互关联的核心要素构成的架构。技术作为价值创新的核心驱动力，数字技术必然会改变企业的商业模式，营销企业价值创造、价值传递和价值获取的方式，并促进价值创造网络的改变，从而形成数字化背景下的创新商业模式。诸多企业都随着数字化技术的发展而改变商业模式，传统企业诸如海尔、美的等如今的商业模式已经很大程度上不同于以往传统的商业模式。而即便是依托于互联网而新兴的阿里、腾讯、百度、京东等企业也都不断地变化着商业模式。阿里从一家电商企业，将业务拓展到金融、云计算、文化等领域，从而成为一家生态级的数字基础设施公司。腾讯公司也将原有的业务不断拓展，从而成为一家生态化的数字企业。可以说，数字化对企业商业模式带来了颠覆性的改变。

（二）数字化影响企业战略制定

对企业而言，传统的战略制定程序一般是先进行市场和客户需求调查，进行内外部环境调查，然后作出市场分析，制作出一份精美的市场调查报告，为公司制定未来几年的战略规划。然后，再按照战略计划开始实施和执行。传统的逻辑下，企业战略制定到实施的时间跨度比较大，产品开发和推向市场的时间周期比较长。但在数字化时代，企业将战略制定和执行分开的方法逐渐过时，而是将战略制定和执行同步。企业在战略实施的过程中，根据市场变化情况实时灵活调整企业战略，企业战略的周期越来越短，敏捷的战略制定时代已经到来。

（三）数字化促进产品服务升级

数字化技术的发展使得数字终端设备越来越普及，物联网使得连接无处不在，万物互联时代已经到来。在数字技术的推动下，传统的产品和服务已经难以适应消费者市场的需要，企业提供的无论是产品还是服务，都必然进行着升级。消费者越来越依赖于使用手机等数字终端，同时，消费者使用的每一个设备都是一个智能化的数字终端，像智能手机、智能手表、智能手环、智能耳机等，在消费者的使用或穿戴过程中，通过数字化、智能化和物联网技术构建的无处不在的连接，时刻向商家传递消费行为习惯。

（四）数字化提升营销和渠道效率

随着数字技术和移动互联网的发展，消费者更加依赖于移动终端设备进行消费，这就要求企业的营销方式和渠道都发生了巨大改变。营销方式从传统的模式转变为数字化和线上模式，微博、微信、短视频、直播等新媒体营销方式成为主流；营销渠道也转变到线上化和移动化，数字化营销也已经成为主流，线上线下融合的整合营销方式已成为一种主流趋势。

在数字化技术和互联网技术发展的推动下，传统电商的红利逐渐消失，社交电商新零售以其传播性、互动性和聚合性等而变得异常火爆。新的数字化营销方式和渠道，降低了企业获取客户的成本，打造的私域流量池，降低了获取流量的成本以及推广成本和难度，同时还能高效拓宽营销渠道，这从多方面大大的提升了营销效率。

（五）数字化带来经营管理的智能化

数字化将带来企业经营管理的“智能化”趋势，各种智能工厂、智能车间，在没有工人的前提下，绝大多数生产流程被智能化机器高效完成。在数字化经营管理下，企业生产经营的各环节都发生了转变，从产品供应的供应链变得更加敏捷，产品的生产变得自动化，很多重复性的工作由机器代替人工，员工从事更需要知识含量的工作，从而呈现一种新型的经营管理模式。

四、数字化转型与企业创新升级

大数据和云计算等技术能够将日常积累的大量数据转化为精准、有效的信息，为企业决策提供借鉴，极大地提高了企业的信息处理效率（曾德麟等，2021）。吴非等（2021）指出数字化转型帮助企业更好地处理内外部海量、非标准化和非结构化的数据，并将其编码输出成可直观观测的数据，从而提升了信息利用率。因此，数字化技术与企业经营管理过程的深度融合提高了企业感知和获取利益相关者信息的能力，使其能快速和精准地捕捉外部环境变化并作出响应。数字技术应用重塑了产品与服务的生产和供应模式，提高了社会资源配置和使用效率，在为生产者带来绩效和能力根本性跃进的同时，还从更深的层面上引发了企业价值创造逻辑的颠覆性变革（Nambisan，2017）。适应环境变化、提高运营效率，实现企业可持续发展，是企业数字化转型的主要战略出发点（柳卸林等，2020）。

近年来，以数字化转型为主题的研究成果日益增多。有些研究聚焦于数字化转型的概念阐释和理论探索，例如，祝合良和王春娟（2021）从内涵与外延、主要特点、动力体系、产业链改造四个方面阐述产业数字化转型的理论体系；刘洋等（2020）关注数字化转型在创新管理领域的变革，总结了数字创新管理的特性、数字创新概念的内涵和外延；许宪春和张美慧（2020）关注了以云计算、大数据、人工智能、移动互联网等技术驱动的数字化转型。随着先进的数字技术更加广泛应用到组织的生产经营活动中，对企业的经营和竞争、组织能力、经营绩效等都产生了颠覆性影响

（Vial，2019）。越来越多研究开始关注数字化转型对企业经营绩效、创新绩效和服务化等的影响。通过对相关文献的梳理发现，一些文献集中探讨数字化转型对企业经营绩效（Usai 等，2021；刘淑春等，2021；吴非等，2021）、创新绩效（余菲菲等，2021；傅颖等，2021；陈岩等，2020）和服务化转型（赵宸宇，2021；张远和李焕杰，2022）等方面的作用。此外，还有一些研究认为数字化转型能够有效提升企业的技术创新和价值创造能力风险抵御能力（Vial，2019；陈剑等，2020；刘洋等，2020；单宇等，2021），还关注数字化转型对组织变革（池仁勇等，2020）、企业运营、业务流程（Tobias 等，2020）和国际化程度（王墨林等，2021）的影响。面对数字经济时代技术和市场环境的深刻变化，借助数字化的工具和平台推动组织变革，加快产品与服务创新，并以此实现数字化转型，已成为多数企业改善经营绩效、谋求持续竞争优势的战略选择（陈庆江等，2021）。

综上所述，数字化转型成为众多企业战胜困难和实现创新的必然选择，是助力造企业实现创新升级的重要力量。有必要关注企业如何通过数字化转型实现创新升级。

五、数字化转型与制造企业创新升级

对制造企业而言，推动新一代数字技术的广泛应用，能够在底层技术上与工业生产过程深度融合，将智能制造贯穿企业设计、生产、管理、服务等制造活动各环节，可以带来生产效率的成倍增长。例如，在生产过程中，机器人、数控机床、3D 打印等智能装备的应用，可以实现生产过程无人化；工业以太网应用于收集各类感知终端数据，可以优化生产方案，节省车间加工时间；在生产车间，借助各种低功耗传感器和物联网通信，生产线的状态可以实时上传到大数据分析平台，进而调整设备运转速度、物料准备和工人调度，实现众多生产环节高效对接和紧密配合，提升工业生产效率；在研发设计过程中，全息扫描、增强现实、虚拟现实以及数字化仿真等技术能使研发人员仅依靠工业软件就能够了解到原型的性能指标，而不必每一步都在实物上验证，降低了研发成本，加快了新产品上市速度；在产品质量控制方面，视觉识别技术、工业机器人的大量应用，有助于克服人工质检标准不一致，质检效率低的缺陷，保证了产品质量稳定一致；在配送过程中，大数据技术的应用能够精准分析供应链备货配送方案，从而大幅提升物流配送效率；此外，共享云平台也可以使大企业的冗余闲置装备通过共享而得到充分使用，进而提高生产设备的使用率。因此，数字技术能够快速地应用到工业生产过程中。

而数字技术应用于服务业领域，则要求企业首先能够发现产品和服务提供中的“痛点”，并找到与“痛点”相匹配的数字技术，然后与专业技术人员交流设计出完整的终端产品，因此，数字化转型作用于服务业企业成长可能需要更加严苛的条件和更长的起效时间。倪克金和刘修岩（2021）认为相较于服务业来说，初期的数字化转型对制造业企业成长的作用更显著。

数字经济时代，制造企业创新升级，包括商业模式创新、服务创新和服务化升级等都是中国制造企业提高收入和竞争力、向价值链高端转型升级的关键。数字技术的发展为制造企业快速获取、分析、处理信息以预测市场需求及竞争者动态提供了机会，也为制造企业的服务创新提供了新思路。IBM、陕鼓、海尔等企业通过数字化转型，成为制造企业创新升级的典型代表。数字化转型成为众多传统企业战胜困难和实现创新的必然选择，也是影响制造企业创新实现的重要因素。对制造企业而言，制造企业在数字化转型中大量应用物联网、工业互联网、机器对机器通信、人工智能和机器视觉等技术，改造了传统的业务流程。一些研究证明数字化转型能够促进制造企业的成长（倪克金和刘修岩，2021）。企业数字化转型通常会引发新产品、新服务和新商业模式（Nambisan 等，2017），服务创新作为企业经营管理和创新管理中的一种具体表现，也很可能会受到数字化转型的影响。因而，数字化转型视角研究制造企业创新升级也是一大主流。

第三章

数据赋能概述

一、数据赋能的内涵

（一）数据赋能的概念

随着大数据、云计算、移动互联网、人工智能等技术的迅速发展，人类社会进入全新的数字化时代，企业经营环境发生了巨大变化，这彻底改变了企业传统的商品主导逻辑思想。大数据和数字技术被广泛应用于各行各业，许多企业都通过数据为企业赋能，腾讯、阿里、京东等公司的成功都受益于数据赋能，数据资源和数据技术赋能社会各业态的研究开始受到高度关注（孙新波等，2020）。数据赋能（Digital Empowerment）主要是数字经济环境下，通过大数据方式为组织赋予能量（Carmen 等，2015；Ling 等，2015）。组织或相关作用主体通过挖掘、分析和使用数据资源和技术可以获得新的能力或实现新的目标（潘善琳和崔丽丽，2016；Gupta 和 George，2016）。

孙新波和苏钟海（2018）将数据赋能定义为组织为了实现数据价值增值，创新数据使用场景、数据使用技能的持续化过程。此后，孙新波等（2020）进一步完善数据赋能的定义，从整体观的角度强调数据赋能是通过能力的提升实现数据价值。这意味着，数据赋能的工具是数据资源和数据技术，数据赋能的主体和对象是整体系统，数据赋能的过程是通过能力提升或获取实现价值创造的协同化过程。

尽管数据赋能的概念在理论和实践中都尚未达成一致，不过，学者们对相关概念存在一些共同的认识。第一，数据赋能是通过数据技术和方法提升能力。数据本身不能为企业赋能，必须通过数据获取、分析和运用场景、技术和方法，为赋能对象创造获得价值的必备知识、机会、资源等，提供能力提升或获得新能力。第二，数据赋能的目的是创造价值。赋能对象无论是提升原有能力，还是获得新能力、新知识，数据赋能的过程和最终目的都是实现价值创造。第三，数据赋能是一个系统化的协同过程。数据赋能关注整体系统创造价值的系统化协同过程，而不是只关注个体和系统中的子元素，例如，在现实中出现的价值生态系统、商业生态系统、敏捷制造系统等。基于此，本书参考孙新波等（2020）的定义，界定数据赋能是基于整体系统创新数据运用场景，创新运用数据技能和方法，进而获得或提升整体能力，最终实现数据价值增值的协同化过程。

（二）赋能、使能与赋权

认识数据赋能的内涵，首先要理解什么是赋能。孙新波等（2020）强调数据赋能植根于授权赋能（Empowerment），授权赋能强调员工被组织高层授予额外的权利，是一种组织自上向下主动的分权过程（Eylon，1998）。而后，授权赋能逐渐被赋能取代。现实中经常混淆赋能、赋权和使能三个概念，这三者常常都被作为数据赋能的相关概念，但实际上它们具有明显的内涵差异（孙新波等，2020）。

在概念层面，目前，学者们尚未对赋能的定义达成共识（罗仲伟等，2017），最初，赋能就被看作组织或个体通过客观环境和条件而增强能力的一个过程（Perkins 和 Zimmerman，1995）。后来，赋能也被强调为通过信息系统或信息工具赋予个人或组织能力，使其参与新的价值创造活动（孙中伟，2013），获得过去所不具备的能力或目标（潘善琳和崔丽丽，2016）。而“使能”则强调被使能企业提供产品和服务进而增强其竞争优势的过程（魏炜和蔡春华，2018）。“赋权”则是一种权力的赋予过程，也包含责任承担、决策、技能提升和绩效等（Konczak 等，2000）。

在对象层面，Konczak 等（2000）、孙中伟（2013）、罗仲伟等（2017）、魏炜和蔡春华（2018）、刘亚军（2018）的研究都指出，赋能和使能更关注能力提升或获得。但是，赋能关注赋能主体自身的努力，也就是赋能对象获得或提升能力，取决于其主动吸收，利用各种平台、机会和资源等赋能内容的程度，因此，其更加强调赋能对象的主动性（孙新波等，2020）。使能则强调能力的获得和提升过程，通过为被使能企业提供产品和服务而增强后者的竞争优势（魏炜和蔡春华，2018），因此，使能则更强调使能对象的目的性和被动性（孙新波等，2020）。而赋权的对象是既包含下属成员，又包括其他主体（Konczak 等，2000）。

在关系层面，赋能突出组织或系统成员之间的“合作伙伴”关系（罗仲伟等，2017），通过资源和能力的共享而获得能力提升，不是来自组织中心层面自上而下的赋予能力。赋权则是组织中心层面权力的自上而下的下放，强调赋权对象在权力下放过程中的反应。陈剑等（2020）指出数据赋能是运用数字化技术“赋能”企业不断提升效率，而运用数据赋能为企业和消费者创造新价值，则实现了“使能”创新，这样看来，数据“赋能”是实现“使能”的前提，“使能”是“赋能”的更高目标。比较而言，赋权和赋能的概念更具体，使能的内涵则更加宽泛（刘亚军，2018），此外，赋权还是实现赋能和使能的手段之一。

（三）数字化赋能和数据赋能

孙新波和苏钟海（2018）、YING 等（2018）的研究指出，数字化赋能和数据赋能都强调数据资源和数据技术在赋能中的作用，这两个概念在很多时候容易混淆，很多地方也存在混用，但两者却存在微妙差别。数据赋能的目标是实现数据价值，关键是创新数据使用场景、创新数据技能和方法。在数据赋能的过程中，通常以数字化的方式了解客户需求、获取合作资源，还要通过数据联网化和标准化的方式完成生产任务和作业流程（孙新波和苏钟海，2018）。按照这样的观点，数据赋能更注重资源共享和价值创造，关键是创新数据应用场景、应用技术和使用方法，获取新能力或提升原有能力，最终目的是实现价值创造。

数字化赋能是指运用数据资源和数据技术驱动企业创新变革（潘善琳和崔丽丽，2016），关注数字化技术促进企业员工获得能力或提升能力，其目的是使企业内部员工受益（YING 等，2018）。池毛毛等（2020）、刘启雷等（2021）、陈一华等（2021）也采用了数字化赋能这一概念，但都是基于 Ling 等（2015）的研究。这样看来，数据赋能不仅关注能力获得和提升，还重视通过能力提升创造价值。数字化赋能是数据赋能的方式和手段的具体体现，更关注数字化技术和工具的运用。因此，数据赋能的概念包含数字化赋能（孙新波等，2020）。

二、数据赋能的分类

数据赋能（Digital Empowerment）主要是指组织在数字化背景下产生的相关赋能行为（Ling 等，2015）。第一类常见的分类是将数据赋能分为：连接能力、智能能力和分析能力（Lenka 等，2017）。企业通过协同这三种能力，提升数据获取、分析和运用的能力，进而获得赋能价值。连接能力指的是通过互联网、物联网和无线通信网络等连接数字智能产品的能力；智能能力主要是指通过人工智能等技术实现智能化感知用户行为、灵活分级和动态分配资源等能力；分析能力是指对网络或数字或智能化产品服务产生的海量数据进行分析处理，并形成有价值的信息能力。周文辉等（2018）指出数据赋能包括提升主体之间的连接能力、数据分析能力和信息运用能力，这也类似于 Lenka 等（2017）的分类方式。陈一华等（2021）基于数据赋能的连接、智能和分析三种能力，将数字赋能分为连接赋能、管控赋能和解释赋能三类。连接赋能强调与利益相关者的连接，以及企业内部的流程连接、人机连接等；管控赋能强调自动管理和控制应用场景；解释赋能强化数据分析能力的提升。此外，张明超等（2021a）将数据赋能的能力生成分为数据设计、数据供应、数据制造和数据自驱能力，四种能力都是基于发挥数据融合与驱动效用，通过对传统设计、制造和供应能力进行数据化加持，从而提升原有的能力或获得新的能力。

第二类常见的分类是将数据赋能分为客户赋能、员工赋能、流程赋能和合作赋能四个维度（张明超等，2021a）。例如，周文辉等（2017）从客户赋能和员工赋能探讨了如何赋能于价值共创和创业战略。此外，还有研究基于客户赋能与员工赋能分析数据如何赋能于企业价值共创（周文辉等，2018b），以及将数据赋能划分为客户赋能与和员工赋能，关注在大规模定制实现中数据的赋能作用（周文辉等，2018a）。张明超等（2021a）还在客户赋能和员工赋能的维度基础上，增加了流程和合作赋能两个层面。

员工赋能指企业借助数据技术，促进员工之间的信息沟通和交流，推动跨部门员工的高效合作（陈冬梅等，2020）；客户赋能是企业为客户参与价值共创设计数据交互渠道，实现个性化满足客户真实需求（孙新波和苏钟海，2018）；合作赋能是企业通过搭建数据共创平台汇聚需求数据，促进利益相关者和合作伙伴之间的资源互补与协调（戚聿东和肖旭，2020）；流程赋能是企业应用大数据技术和工具，推动生产制造的数据化和智能化升级（孙新波和苏钟海，2018）。

员工赋能，强调员工参与，让员工能够获得信息、机会与资源，更多地感受到工作过程中的价值、控制力和影响力等，从而增强员工主动性、自信心和自我效能等。客户赋能，鼓励顾客参与，强调企业和员工把更多机会和权利赋予顾客，在价值创造活动中，在企业和顾客之间建立良好、动态的互动关系，进而促使双方利益最优化。合作赋能，强调潜在利益相关者共同参与，让更多的合作伙伴的资源能够共享和互补，使其能够有效地利用社会资源和技术，从而突破自身资源或技术障碍。流程赋能，更强调数据技术和工具的应用，目的是塑造企业的生产能力和提高生产效率。

第三类常见的分类是将赋能分为结构赋能、资源赋能和心理赋能三个维度（Ling 等，2015）。结构赋能侧重于诸如制度、组织和文化等客观外部条件的改善，从而赋予赋能对象权力，将环境因素作为赋能的前因，并且认为环境的改善必然会实现赋能。数字经济下，结构赋能侧重于通过运用数字化技术，改善组织结构、组织文化和组织制度等，提高组织效率，增加组织的柔性与反应速度（池毛毛等，2020）。此外，通过数字化技术改善组织的生产经营环境，为员工提供更多机会、信息和资源等，也是结构赋能的体现。心理赋能关注改善个体或社会心理，让社会具备接受创新的心理，使个体增强自信和自我意识，感受到自己对命运的掌控。数据资源和技术消除了传统沟通的障碍，有助于跨组织、跨部门的沟通和信息获取，也有助于个体间的沟通和信息获取，这不仅能够增强组织的管理效能，还能够增强员工的自信心、自我效能，激发其工作能力，提高个体的工作效率（池毛毛等，2020）。资源赋能强调对资源的控制而不仅仅是获取，侧重于提高个体或组织控制资源的能力（Ling 等，2015）。在这一观点下，可以通过增强个体或组织对资源的控制和管理能力，进而开发更多创新资源和创新能力。数据技术作为一种有价值的资源，企业如果能够很好地控制和管理数据技术和资源，将有助于企业实现数字化的创新商业模式。通过数据资源赋能，以有效地实现资源共享和组织间的协作，这有助于中小制造企业解决自身资源有限的难题。数据资源赋能还可以提升个体或组织对不确定性的应对。总体来说，结构赋能强调通过组织系统改变情境调节进行授权；心理赋能是改善社会心理、内在动机或个人动因等主观感受；资源赋能强调对组织资源的获取、控制和管控能力，目的是使组织实现对资源的真正控制，主要体现为资源的整合过程。

三、数据赋能的相关理论

数据赋能的国内外相关研究倾向于数据是一种新兴的战略性资源，将数据资源和数据技术作为一种获取持续竞争优势的手段。有关研究关注数据赋能的实现机理，以及数据赋能的能力构建过程。这表明数据赋能和信息处理理论有一定的相似和关联性，此外，有关数据赋能相关研究的演进很大程度上还关联资源基础理论和动态能力理论的基本观点。

（一）信息处理理论

信息处理理论（Information Processing Theory），源于认知心理学，又被称为信息加工理论。该理论认为个体认知过程就是个体对信息的加工处理过程，强调组织通过信息处理提高其目标实现能力（Tushman 和 Nadler，1978）。首先，是注意、选择和接收信息；其次，是对信息的编码、内在化和组织；最后，根据信息处理的结果作出决策和行为反应（吴梦和白新文，2012）。

随着信息技术在企业生产经营过程中的运用，信息处理理论逐渐被运用到企业经营管理领域，出现了企业信息处理理论。该理论认为，企业要应对其经营管理中面临的不确定性，必须通过有效的信息收集、加工处理和传播以增强其经营决策能力（Galbraith，1973）。在不确定性和模糊性任务的情况下，组织需要通过一系列简化信息需求或增强信息处理能力的组织系统设计，以有效地使用和管理信息（Gupta 等，2019）。最初，学者们关注信息量对降低不确定或达成目标的作用，强调组织信息的收集、处理和分发过程。而后，学者们开始关注信息丰裕性对理解不确定环境的重要性（Zelt 等，2018）。

数据经过加工处理后形成有效的信息，可以说信息是数据的高级形态。数据赋能突出数据应用场景、技能和方法创新，赋能的过程也包含信息收集、加工处理和传播，因此，信息处理可以看作实现数据赋能的手段。此外，信息处理理论强调信息处理需求与能力之间的适配度是提升组织绩效的关键，企业提升组织信息处理能力的同时，必须注重组织结构和流程设计的调整，从而实现组织能力与信息需求的匹配。信息处理理论关注组织的信息处理能力对实现组织绩效的积极作用（Wang 等，2013），信息处理价值的体现是组织绩效目标的实现。而数据赋能强调组织通过数据赋能创造价值。组织绩效目标就是创造价值的具体体现。可以说信息处理和数据赋能的目标是一致的。总体来说，信息处理理论和数据赋能的关注对象、关注目标具有同一性，其目标的实现过程也具有密切相关性。

（二）资源基础理论

资源基础观（Resource－Based View，IBV）主要用于检验企业拥有异质性资源带来的绩效差异（Peteraf 和 Barney，2003）。资源基础理论主要用于解释在竞争环境中，组织如何保持独特和持续的竞争优势（Hoopes等，2003），Vernerfelt（1984）指出资源基础理论的核心内容是组织基于自身拥有的异质性资源和独特能力而与其他组织竞争，企业保持持续的竞争优势源于拥有异质性资源（Barney 等，2011）。资源基础理论有两个假设前提，前提 1：组织可能拥有不同的有形和无形资源，这些资源可以转变成企业独特的能力；前提 2：资源在组织之间不可流动且具有不可复制性。因此，组织拥有的资源的异质性可以持续较长时间（Barney，1991）。

组织资源是能够帮助组织获取竞争优势并实现组织愿景、使命、战略目标的一系列属性组合（Porter，1981）。Vernerfelt（1984）界定资源是组织中能够展现组织核心竞争力的任何事物，可能是有形资源，也可能是无形资源（Caves，1980）。因此，资金、设备、商标、知识、技能和能力等都是组织的资源。组织如果拥有异质性资源，而竞争对手长期都无法复制这些资源，那么组织就能够拥有持续的竞争优势。

数据及数据技术都被看作企业获取持续竞争优势的战略性新兴资源，数据是实现数据赋能的核心资源。数据赋能就是通过对数据资源和数据技术的运用实现赋能，因而，数据赋能与资源基础观的本质有着紧密联系。资源基础理论指出了组织获取异质性资源的重要性，但是并没有对如何获取异质性资源进行深入的解读（Miller，2003），因而，资源基础理论只是一种假设，并且组织获取资源或有效利用资源的方式在特定的情境下并不一样（Oliver，1997），不同资源和不同情境下资源贡献方式是不一样的。从理论的视角来看，数据赋能将数据资源转化为企业竞争优势的研究，有助于丰富和补充资源基础观和数据赋能的内容，成为支持数据赋能过程的基础理论。

（三）动态能力理论

最初，能力也被视为一种资源，渐渐地，资源和能力被作为两种不同的概念加以理解。比较而言，能力是无形的，不可观察的。Teece 等（1997）指出企业协调资源的能力就可称为动态能力。动态能力理论（Dynamic Capabilities Theory，DCT）考查企业如何灵活、敏捷地运用既有资源，开发和捕捉市场机会，进而应对外部环境快速变化的能力。动态能力理论关注的核心问题是企业通过整合和重构内外部资源和能力而生成一种新的能力（Teece 等，1997），也就是通过动态能力来创造或维持组织的竞争优势，具有高动态能力的组织比低动态能力的企业更具有竞争优势。

能力是组织习惯性的、模式化和重复行为的集合（Nelson 和 Winter，2003）。对组织而言，组织能力被称为“零级”（zero - order）能力，动态能力被称为“一级”（first - order）能力（Winter，2003）。因此，动态能力比组织能力更高级，组织能力是对组织现有资源的利用，动态能力是利用新机会和重新整合资源（March，1991）。当组织能够利用机会，通过整合、重构其内外部资源或能力适应快速变化的外部环境时，该组织就具备了动态能力，就比其他组织更具有竞争优势。

Helfat 等（2007）指出企业能力可以从内部技术适应性和外部进化适应性衡量。内部技术适应性是企业能力被有效发挥的程度和所产生的生产效率，外部进化适应性是指企业通过向外部创建、扩展或整合其现有资源，以超越其他企业的能力。动态能力是企业进化适应性的体现（Teece 等，1997）。

Lenka（1997）和周文辉等（2008a）就将企业的动态能力之一划分为企业的数据赋能能力，并且解释了企业如何通过数据赋能能力取得成功。数据赋能在制造企业商业模式创新、转型升级和价值共创等有关方面的研究也表明，数据赋能可能是一种具体形式的企业动态能力。但是，研究也发现，一些拥有动态能力的企业，持续地去适应环境的变化，但其竞争力和市场绩效表现并不佳。因此，企业是否拥有动态能力并不是衡量企业是否成功的唯一因素，企业拥有的动态能力在何种情境下更容易成功，还会受到很多情境因素的影响和作用。探讨企业动态能力发挥的边界条件对理解如何通过动态能力取得持续的竞争优势更为关键。数据如何赋能企业，必然涉及对数据资源的运用能力，是企业动态能力在数字化经济下的体现，对数据赋能的进一步研究发展将会对企业动态能力理论进行有效的补充。

从资源基础理论的视角，数据赋能强调数据和数据赋能技术是企业获取持续竞争优势的新兴资源。从动态能力理论的视角，数据赋能是企业协调资源的一种动态能力。数据赋能是关联数据资源与数据价值的逻辑，聚焦赋能机理的过程，既是企业资源，也是企业能力并且是企业资源和能力连接的纽带。因而，数据赋能在企业管理中的相关研究很可能为动态能力理论和资源基础理论之间提供连接路径。

四、数据赋能影响的相关研究

近年来数据和数据技术飞速发展，并对社会各行各业的商业实践都带来了巨大的影响，甚至颠覆了传统的商业运作模式，针对赋能方式、赋能手段、赋能过程的研究越来越多。例如，潘善琳和崔丽丽（2016）、曾德麟等（2017）针对数字化赋能社会商业实践的研究就发现，数据对商业实践有着很好的赋能作用；周文辉等（2018a）、孙新波和苏钟海（2018）、胡海波和卢海涛（2018）则基于数据赋能的视角，在理论研究上探讨了数据对企业大规模定制、商业系统价值共创、敏捷制造系统实现的赋能，通过系统的研究，形成了数据赋能的研究框架；陈剑等（2020）提出了企业数字化转型下的运营管理框架，涉及需求创造、业务设计、价值共创、供应链重构和生态圈构建等内容。这些研究重点是关于数据赋能与价值共创和制造业升级。此外，数据赋能与商业模式创新的关系也是一个较为重要的研究主题。

（一）关于数据赋能与企业价值共创的实现

数据赋能强调对组织资源的获取、拥有和管控，通过资源整合有效促进企业实现价值共创（周文辉等，2018）。学者们开始探讨数据如何赋能企业价值共创，并且关注数据赋能企业商业价值共创的过程机理。

周文辉等（2017）已经开始关注服装平台企业如何通过赋能推动价值共创，从而实现战略创业，该研究将赋能分为结构赋能、领导赋能、心理赋能和顾客赋能。结构赋能将为企业员工营造价值共创环境，领导赋能将为团队巩固价值共创环境，心理和顾客赋能将为员工和顾客互动优化价值共创环境。Lenka 等（2017）强调数字化能力构成及对顾客价值共创的影响，认为智能能力、连接能力和分析能力构成了企业数字化能力，企业的这些数字化能力通过接收和反应机制实现企业和顾客价值共创的赋能过程。郝金磊和尹萌（2018）指出，在数据赋能阶段，数据通过数字化平台发掘顾客的潜在需求，针对具有共性的需求进行产业链延伸，企业和用户的价值共创通过“互联网＋传统产业”的全产业链商业模式实现。胡海波和卢海涛（2018）在探讨了数据赋能企业商业生态系统演化中的价值共创，并指出演化的各阶段下价值共创主体及价值共创类型可能存在问题，在系统演化各阶段，结构和资源赋能不仅共同驱动顾客、企业和其他利益相关者共同参与价值共创，而且通过数据赋能商业生态系统从交换价值演变为平台价值和社会价值。周文辉等（2018a）的研究则强调平台企业通过数据赋能价值共创过程和价值共创的动态演化，该研究指出资源赋能是数据赋能的核心，通过数据连接能力、分析能力和运用能力，促进平台企业各主体互动合作和资源整合，从而赋能价值共创。赵大伟和景爱萍（2019）也基于数据赋能的连接能力、智力能力和分析能力，分析线上连接阶段、服务接触阶段和逆连接阶段三个阶段如何促进价值共创。刘启雷等（2021）指出数据赋能与企业价值共创之间具有不可分割的联系。

由此可见，有关数据赋能与价值共创的研究主要表现为：一是针对传统行业或企业，基于“数据赋能类别—价值共创主体”“数据赋能—价值共创过程”“数据赋能—企业发展阶段的价值共创”“数据赋能—价值共创—商业生态系统演化”“数据赋能—价值共创—创新创业”“数字化技术—赋能—商业生态系统价值共创”（胡海波和卢海涛，2018）等理论模型研究数据赋能对价值共创的作用。二是针对网络招聘和出行等新兴网络平台，探讨这些平台企业“数据赋能—价值共创”的理论模型。

（二）关于数据赋能与制造业升级问题

数据和数字化技术对制造企业的生产过程带来了根本的影响，数据赋能为传统制造企业升级提供了切入点。已有研究开始关注数据赋能制造敏捷性、精益生产、大规模定制和新产品开发等。

首先，关于数据赋能对制造企业制造敏捷性作用的研究已经存在。数字技术可以提升产品设计和生产过程的柔性（王梦菲和张昕蔚，2020），这将有助于增强制造过程的敏捷性。例如，曾德麟等（2017）探究了制造企业如何运用信息技术增强制造复杂产品的敏捷性，构建了从信息技术到制造敏捷性的形成机制，制造企业首先通过信息技术识别复杂产品制造的需求，进而构建信息处理网络层级和中心，最后将增强复杂产品制造的敏捷性。孙新波和苏钟海（2018）基于数据驱动视角，从研发、生产和营销三个阶段研究了敏捷制造的过程，指出数据赋能制造企业敏捷制造的核心是数据化、标准化和联网化，数据化使制造企业获得数据并运用于企业的经营决策，数据化和标准化可以提高数据的可接入性和流通性，加速数据传输，并且还能最大程度地挖掘数据价值，此外，联网化可使需求数据直接对接企业资源和制造过程设备，实现资源的自动整合。而张明超等（2021a）探究了数据如何赋能精益生产创新，研究发现，数据通过“数据资源行动—数据能力生成—精益价值实现”的内在机理路径赋能于企业精益生产创新，分别从客户、流程、合作和员工层面通过数据资源行动促进数据能力生成，进而赋能数据化精益生产。

另外，也有研究关注数据赋能与企业大规模定制技术。例如，周文辉等（2018b）指出数字化赋能提升大规模定制技术，企业通过数字化能力准确、高效获取、传递和满足消费者需求的个性化，进而提升企业整体解决方案的针对性，实现大规模定制。张明超等（2021b）则考虑供过于求的背景下，探究数据赋能如何驱动智能制造企业 C2M 反向定制模式创新。该研究指出，数据赋能遵循“构建数据资源组合—捆绑资源形成数据能力—利用能力创造数据价值”的机理路径实现 C2M 反向定制模式创新，要实现

C2M 反向定制模式创新，客户端赋能是前提，流程端赋能是后台支撑，合作端赋能是关键保障。

此外，还有研究关注数据赋能企业新产品开发绩效。池毛毛等（2020）从数字化赋能视角，基于“数字化转型—研发双元能力—新产品开发绩效”理论路径，关注制造企业如何通过数字化转型促进新产品开发绩效的实现机理。Mu 和 Chunjia（2019）指出制造企业基于数字技术展开的产品创新频度与用户交互呈“倒 U”形关系。

由此可见，有关数据赋能与制造业升级的研究主要针对传统行业或企业，围绕构建“数字化赋能—敏捷制造”“数字化赋能—精益生产”“数据赋能—大规模定制或反向定制”“数字化赋能—新产品开发绩效”等路径关注数据赋能对制造业升级的作用。

（三）关于数据赋能与商业模式创新

数字经济时代，企业创新的根本问题是大数据驱动企商业模式创新（曾锵，2019），构建以数字生态为基底的多重生态成为企业数字化转型的重要使命（孟方琳等，2020）。智能时代的商业模式具有客户至上、智能化和开放性的生态网络结构特征（刘绍荣和夏宁敏，2019）。企业数字化转型包括创新生态化、生态协同化和协同创新化的生态协同（陈劲等，2019）。

Ling 等（2015）指出数据赋能的资源赋能强调对组织资源的获取、控制和管控能力，使企业真正拥有对资源的所有权和控制权，主要体现为资源的整合过程。因此，社会资源的有效整合是实现赋能的关键。大数据环境下，数据赋能的核心是实现资源整合和资源赋能，这有助于有效实现价值共创（周文辉等，2018），也有助于推动企业的商业模式创新（郝金磊和尹萌，2018）。

有关数据赋能企业商业模式创新的研究主要表现在数据直接赋能商业模式创新，或数据通过赋能价值共创实现商业模式创新，或数据赋能商业模式创新进而实现价值共创。例如，郝金磊和尹萌（2018）的研究将赋能分为用户赋能、数据赋能和生态赋能，三种类型的赋能从不同角度促进价值共创和商业模式创新。用户的赋能过程需要通过价值共创平台实现，根据不同的细分市场采取不同的商业模式；生态赋能通过在平台生态系统的互动场景开发，使整个生态系统参与者之间实现相互赋能和价值共创；数据赋能则是基于“数据赋能—价值共创—商业模式创新”的路径，数据赋能价值共创平台发掘消费者潜在需求，对消费者的共性需求有针对性地进行产业链延伸，通过“互联网+传统产业”的全产业链赋能价值共创，进一步实现企业商业模式创新。陈一华等（2021）探究制造企业数字赋能商业模式创新时，提出了连接赋能、管控赋能和解释赋能三种赋能作用机制，商业模式创新分为互补导向数字商业模式、效率导向数字商业模式和新颖导向数字商业模式三类。其作用路径是基于连接、管控和解释赋能分别促进构建互补导向、效率导向和新颖导向数字商业模式。

五、本章小结

有关数据赋能的研究表明，随着数字技术和数字经济的发展，数据和数据技术赋能社会各行各业备受实践和理论关注（孙新波等，2020）。数据赋能强调通过数据技术和方法提升能力，是一个系统化的协同过程，其目的是创造价值。较多研究将数据赋能能力分为连接能力、智能能力和分析能力，从赋能的层次而言，可以分为结构赋能、心理赋能和资源赋能三维度。数据赋能不仅有助于企业实现价值创造，而且将推动制造业升级，并赋能于制造业商业模式创新。从内容而言，多数研究都探究数据赋能机理，并且聚焦制造业升级、价值共创与商业模式创新等方面。首先，有关数据赋能与价值共创的研究主要包括：数据赋能对顾客价值创造与产出、顾客交互的深度与广度、资源配置动态演化、商业生态系统阶段演化的主体和类型演变等的影响。其次，有关数据赋能与制造升级的研究主要包括：数据赋能对复杂产品制造敏捷性、大规模定制技术和制造敏捷性的关系等。最后，有关数据赋能与商业模式创新的研究主要包括：数据如何赋能价值共创，通过赋能价值获取、价值传递、价值实现等实现商业模式创新。但相关研究还存在以下问题：一是尽管部分研究提出了数据赋能，但并未深入分析数据赋能作用于制造业升级的系统化模式和路径；二是尽管有关数据赋能商业模式创新的研究已经存在，但仅从宏观视角指出数据赋能于价值共创进而促进商业模式创新，并未从数据赋能的不同维度与商业模式的内涵紧密结合，对数据赋能制造业商业模式创新进行深入系统的探讨；三是尽管已有研究关注了数据赋能作用企业生产和价值共创的机理过程，但是普遍采用案例研究方法，定量研究还不足，将案例研究与定量研究的方法相结合进行相互验证，将有利于进一步丰富数据赋能的理论研究；四是数据赋能对企业创新绩效的内在作用机制尚未得到充分揭示，有待进一步探究。

此外，研究者普遍认为赋能是通过各种技术、技能和方法对主体进行能力提升，进而实现资源整合和价值增值的目标。数据赋能应该考虑整个生态系统，对数据赋能的研究需要基于整体观视角，需要将研究视角从个体或单个元素层上升为系统层面，考虑数据赋能过程、主体、对象和结果的协同。数据赋能是数字经济下实现资源整合的核心，为传统制造业商业模式创新提供了较好的切入点。学者们强调数据赋能对传统产业转型升级具有非常重要的意义，但这些研究仅指出制造业数据化方向或商业模式创新的演变逻辑，从数据赋能本质和内涵挖掘其对制造业商业模式创新作用的研究还较少。

数据赋能是一个新兴概念，现有研究尽管注意到大数据对于相关主体的赋能作用（Günther 等，2017），也有较多研究开始将数据赋能作为企业创新升级的重要力量，但当前理论成果仅是从数据技术应用的角度分析数据赋能的形成过程，更多的仍是限于描述性指出大数据及其工具或技术对作用主体的“增益”影响（陈冬梅等，2020），对数据赋能作用于商业模式创新的路径和内在机理缺乏严谨性探讨。在企业层面，更多局限于如何建设数字化平台、应用数字技术打造新场景，但对如何通过要素重构、管理变革和技术创新赋能，以及某应用场景下不同赋能作用之间的相互关系仍缺乏充分的实践检验（Satish 等，2019）。

政府和制造企业应深刻地认识到制造业商业模式创新的内涵和本质，以及数据赋能的价值。根据地区和企业现实情况，思考如何有效地通过数据赋能推动制造业商业模式创新，提升制造企业的竞争力。因此，本书在对国内外制造业商业模式创新和数据赋能相关研究文献整理的基础上，对制造业商业模式创新以及数据赋能的内涵、核心要素和发展模式进行深入分析。结合贵州制造业现状，基于数据赋能视角，分析贵州传统制造业商业模式创新的模式和路径，提出制造业商业模式创新的新模式和对策，具有较强的理论价值。

第四章

制造业服务化概述

一、制造业服务化的内涵

制造业服务化现象自20世纪80年代末以来开始受到关注，关于制造业服务化研究的相关文献比较多见。其中，最具代表性的研究观点当属学者Vandermenwe和Rada（1988）首次对制造业服务化概念的精辟论述。此外，还有产品服务系统，也被认为是和制造业服务化密切相关。

（一）服务化：Servitization、Servicizing、Tertiarization和服务型制造

制造业服务化从20世纪80年代中后期提出至今，已经有30多年了，纵观该领域的相关研究，学者们从多个角度描述了制造业服务化的内涵，也出现了多个有关服务化这一概念的英文，包括Servitization、Servicizing和Tertiarization。

Servitization一词最早由Vandermerwe与Rada（1988）提出，随后，Verstrepen和Van Den Berg（1999）、Robinison（2002）、Desmet（2003）、Lewis（2004）、Ward和Graves（2005）、Ren和Gregory（2007）、Baines等（2013）等学者大多沿用Servitization这一术语探讨服务化。Servicizing一词是服务化的另一个表达。该词的主要使用者包括：White（1999）、Tellus（1999）、Reiskin（2000）、Makower（2001）、Toffel（2008）和Lin（2008）等。Tertiarization一词的使用者是Szalavetz（2003）。服务型制造的采用者主要有孙林岩等（2007）。国外学者用不同的术语描述了制造业服务化的内涵（见表4－1）。

从表4－1可以看出，无论使用哪一个词或术语，整体而言，服务化都被界定为一种制造向服务的转变结果，一种动态的变化过程，一种创新的业务模式。

表 4 -1　　国外关于制造业服务化的定义

服务化的术语	作者	制造业服务化的典型定义
Servitization	Vandermerwe 和 Rada（1988） Robinison（2002）；Lewis（2004） Van Desmet（2003） Ward 和 Graves（2005） Ren 和 Gregory（2007） Baines 等（2013）	服务化是制造商由仅仅提供产品或产品与附加服务向“产品—服务”包（Bundles）转变，完整的“包”包括产品、服务、支持、自我服务和知识——Vandermerwe 和 Rada（1988）
Servicizing	White 和 Reiskin（1999） Tellus（1999） Reiskin 等（2000） Makower 等（2001） Toffel 等（2008） Lin 等（2008）	服务化就是制造商的角色由产品提供商向服务提供商转变，是一种动态的变化过程——White 和 Reiskin（1999）
Tertiarization	Szalavetz（2003）	服务化包括投入服务化和产出服务化——Szalavetz（2003）
服务型制造	孙林岩等（2007）	服务型制造是通过产品和服务融合、客户全程参与、企业相互提供生产性服务和服务性生产，实现分散化制造资源的整合和各自核心竞争力的高度协同，达到高效创新的一种制造模式——孙林岩等（2007）

资料来源：根据相关文献整理。

1. 服务化作为一种结果

Vandermerwe 与 Rada（1988）最早提出 Servitization 一词，强调制造业服务化（Manufacturing Servitization）是制造企业由仅提供产品或产品与附加服务转变为提供“产品—服务”包。完整的产品服务“包”即 Bundles，包括产品、服务、支持、自我服务和知识等，并且在整个“包”中，居于主导地位的是服务，该观点还认为服务是企业价值增值的主要来源，服务化的目的就是使核心产品增值。在 Vandermenwe 和 Rada 两位学者研究观点的基础上，其后诸多热衷于服务化战略研究的学者开始对“制造业服务化”现象进行了深入研究与探讨，并基于自己的特定研究视角对“制造业服务化”概念进行进一步的探讨。

Verstrepen 和 Van Den Berg（1999）指出制造业服务化是在核心产品上增加附加服务。制造业服务化被看作制造企业在其提供的产品中包含越来越多服务的趋势（Desmet，2003）。部分学者指出服务化是包含产品和服务的综合包（Robinson，2002），是制造商在其产品提供过程中增加服务提供的范围（Ward 和 Graves，2005），或制造企业任何试图拓展和改变产品市场服务功能的表现（Lewis，2004）。Fishbein（2000）和 Makower（2001）等研究认为，制造业服务化就是指“卖产品的功能或服务，而不是卖产品本身”，“卖服务而不是卖产品”。以上学者的观点都强调服务化是制造向服务转变的结果。

2. 服务化作为一个变化过程

基于服务化作为一种结果的基础上，较多学者的观点开始注重综合考虑制造业服务化的动态变化过程。White 和 Reiskin（1999）提出服务业（Servicizing）的概念，把服务化定义为“制造商的角色由有形物品提供者向服务提供者转变，是一种动态的变化过程”，“企业从以生产有形产品为中心向以提供服务为中心的转变”。同样，Desmet（2003）等也从服务成分在提供物中的所占比重视角对制造业服务化进行了概念性的界定，认为制造业服务化是指“制造业企业向市场的提供物中，服务成分所占比重具有越来越高的变化趋势”。此外，Ren 和 Gregory（2007）等指出制造业服务化（Servitization）是制造企业为了满足顾客的需求，以服务为导向，为顾客开发出更多更好的服务，以便获得竞争优势并提升公司绩效的变革过程。此类观点也更加全面地体现了服务化不是一个简单的结果体现，而是经历系统化的变革过程。

White 和 Reiskin（1999）指出制造业服务化是一种动态的变化过程，这种以产品为基础的“制造 + 服务”的出现，突破和模糊了传统制造与传统服务活动的界限（White，1999；Tellus，1999）。在 Reiskin（2000）有关服务化的定义中，制造企业也被定义为“服务提供商”，而不是“物品制造商”，服务化是制造企业从以生产提供实体产品为中心向以提供服务产品为中心的转变。Lin（2008）认为制造业服务化是一种产业价值链的延伸转变，最主要的目标是发展成为一个以产品为基础，通过服务的附加值，创造更多有价值的商业模式。例如，IBM 从大型机和个人电脑制造商向信息服务提供商的转变，施乐（Xerox）公司从复印机制造商向“文件公司（Document Company）”转变都是对各自定位和业务转变的典型实例。

3. 服务化作为一种创新模式

基于 Vandermerwe 与 Rada（1988）、White 和 Reiskin（1999）有关制造业服务化的研究基础，制造业服务化的相关研究在国内学术界也引起了足够重视和广泛关注。如郭跃进（1999）研究认为，制造业服务化经营“不是重新进入一个全新的服务行业，而是对原来的制造业功能的发展，是企业产品价值和使用价值的延伸与拓展的一种模式”。蔺雷、吴贵生等（2005）在制造业服务化的研究中，首次以“制造业服务增强”的概念对制造业服务化进行了阐述和理解，认为制造业服务化是制造企业对原本基础上的服务提供进行了进一步的强化和增强。这种服务增强主要表现为两个方面：其一是基础性增强，主要侧重服务对产品竞争力的增强；其二是提升性增强，主要侧重服务价值的创造。孙林岩等（2007）提出“服务型制造”的概念阐述了对制造业服务化的理解，指出服务型制造是“制造与服务相融合的新产业形态，是新的先进制造模式”，服务型制造是基于制造的服务，是为服务的制造，是为了实现制造价值链中各利益相关者的价值增值，通过产品和服务的融合、客户全程参与、企业相互提供生产性服务和服务性生产，实现分散化制造资源的整合和各自核心竞争力的高度协同，达到高效创新的一种制造模式。

服务化是一种与传统生产模式相对应的业务创新模式（Toffel，2008），Toffel（2008）强调该模式具有四个创新特点：第一，制造商向顾客出售的是产品的功能而不是产品本身；第二，制造商保留它所生产的产品的所有权；第三，顾客根据产品的使用情况向制造商付费；第四，制造商维修产品而不向顾客收取费用。

根据上述文献的回顾与分析，我们发现，尽管这些概念在研究的侧重点上存在些许差异，但这些概念在本质上与 Vandermerwe 和 Rada 的定义或理解是一致的。即都是强调提供以核心产品为基础的服务，且服务提供成分对企业价值创造的影响或地位已经变得越来越重要。

（二）产品服务系统：Product - service systems（PSS）

关于 Product - service systems（PSS）的诸多研究中，Goedkoop（1999）、Mont（2002）、Meijkamp（2000）、Manzini 和 Vezolli（2003）、Baines（2007，2011）都是主要的代表者。产品服务系统（Product - service systems，PSS）也是与服务化密切相关的概念。服务化和产品服务系统（PPS）研究有相似之处（Tukker，2004），两者存在诸多完全相同之处（Tukker 和 Tischner，2006）。产品服务系统的核心是产品和服务的组合提供，目的是满足用户需要。

Goedkoop（1999）首先提出产品—服务系统（Product service system，PSS）的概念，他认为产品—服务系统是将服务和市场联系起来，利用产品和服务的市场化组合，从而满足用户的需要。诸多学者也基于此，对产品—服务系统展开相关研究。目前而言，对产品—服务系统的认识，主要包含以下几方面内容：

首先，产品—服务系统（PSS）是一项创新战略（Manzini 和 Vezolli，2003）。它把经济模式从仅关注产品生产和销售，转变为关注满足顾客需求的产品服务组合。

其次，产品—服务系统（PSS）是一个综合性的系统。Mont（2002）认为与传统商业模式相比，产品—服务系统（PSS）是对环境影响更小的系统，由产品、服务、支持网络和基础设备等组合构成。产品—服务系统（PSS）也可以视为一个有竞争力的综合系统，可以在产品整个生命周期内，通过突破性和高竞争力的方式满足用户需求，包括产品、服务、组织结构与外部网络。在产品—服务系统（PSS）中，商家所提供的功能产品被认为是一种特定类型的产品和服务提供。

最后，产品—服务系统（PSS）是以用户价值为中心。Tukker（2006）认为产品—服务系统是通过商业网络将产品服务一起提供给客户的一项特殊的价值概念。因而，产品—服务系统（PSS）提供的产品和服务比例可根据用户需求而改变（Mont，2002）。产品服务系统通过面向产品生命周期的产品和服务的组合，实现价值的延伸（Aurich，2007），通过产品服务集成的形式向用户提供产品，从而提升用户的使用价值（Baines，2007）。

总结学者们对产品—服务系统的认识，可以发现大家普遍认为：第一，产品—服务系统是一种创新模式；第二，产品—服务系统是一个组合系统；第三，产品—服务系统通过满足用户需要来达到企业目的。

综上所述，有关制造业服务化内涵的相关研究非常丰富，国外学者使用 Servitization、Servicizing 和 Tertiarization 等术语描述制造业服务化，国内学者基于国外学者的研究基础，一般采用制造业服务化或制造型服务等术语。产品服务系统（Product - service systems，PSS）也是与制造业服务化密切相关概念。尽管对制造业服务化使用术语不完全同，强调的角度也有所区别，但总体来看，制造业服务化的内涵不断发展和完善，主要呈现以下特征：第一，强调制造业服务化是制造和服务的融合结果呈现，服务化是制造企业从产品提供转变为产品和服务的综合提供（Vandermerwe 和 Rada，1988；Lewis，2004；Baines 等，2013）；第二，强调制造业服务化是制造企业由提供产品向提供产品 + 服务转变的动态变化过程（White，1999；Ren 和 Gregory，2007），这一视角更加强调这一转变过程的复杂动态性；第三，强调制造业服务化是制造业与服务业的不断融合（Baines 等，2007；Jergovic 等，2011；Gebauer 等，2012）。

二、制造业服务化的驱动力

（一）制造业服务化的内部驱动力

1. 经济利益驱动制造业服务化

制造业企业倾向于服务化战略转型，从过往制造业服务化研究文献来看，主要源于：经济诱因。如便于产品销售、延长顾客关系、在成熟市场中创造增长机会、平衡不同经济周期现金流的影响（Saara Brax，2005；Gebauer 等，2005；Visnjic 等，2014），以及产品制造与生产过程优化能为组织提供竞争优势和最大化组织的经济增长等（Visnjic 等，2014）。

从价值链的角度来看，服务可以为企业带来较高的利润率和稳定的收入来源（Wise 和 Baumgartner，1999；Gebauer 和 Friedli，2006），服务是企业利润和价值创造的重要源泉。

一般而言，实施服务化的制造企业的绩效比纯制造企业更具有营利性（Neely，2008）。产品—服务组合的提供往往使得客户对价格不太敏感（Malleret，2006），因此，实施服务化的厂商往往比单独提供产品的产商具有更高的盈利能力水平（Frambach，1997）。Wise 与 Baumgartner（1999）认为服务化能在产品生命周期不同阶段中增加新的营收来源，在某些部门，服务收入可能比新产品销售的回报更高，常常存在更高收入潜能（Slack，2005）。如 GE、IBM、惠普和西门子等大型制造企业，都享受了服务化带来的收入增值。特别是国际上一些走在发展前沿的航空航天、机车和汽车制造商，都在强调从复杂产品的生命周期中增加收益，通过提供上游研发设计或下游服务环节而实现收益增加（Ward 和 Graves，2005）。

此外，企业通过提供产品服务组合，往往对经济周期有更强的抵抗力（Oliva 和 Kallenberg，2003；Gebauer 和 Fleisch，2007）。制造企业通过提供服务，获得了比产品销售更高的利润，也获得了更为稳定的收益来源（Oliva 和 Kallenberg，2003）。这有助于企业确保收入稳定，并应对不利经济周期的影响（Brax，2005；Malleret，2006）。

2. 战略竞争优势驱动制造业服务化

制造企业进行服务化升级在很大程度上是为了获取战略竞争优势。从战略竞争优势获取来看，许多企业的管理者把提供服务作为实现差异化竞争工具，通过提供服务可以使企业产品与竞争对手产品区别开来，从而提升产品的吸引力，增强企业的竞争优势（Vandermerwe 和 Rada，1988）。一般认为，在异常激烈的市场竞争环境下，传统的以产品创新、技术优势、成本或价格优势作为战略变得越来越困难。因此，制造企业选择产品差异化更有利于增强产品竞争力（Anderson，1990；Mathyssens，1998）。

服务与制造相互关联、唇齿相依，制造业与服务业的融合发展都有助于国家、社会和经济形成强大的竞争优势，因为服务更不可见，而且相比较产品而言，更加具有持久性和难以模仿（Oliva 与 Kallenberg，2003；Baines，2007）。此外，企业通过提供与产品相关的服务也可以在动态变化的环境中适应生产和消费模式的变化（Mont，2002）。因而，企业通过提供服务比以往更能取得持续的竞争优势（Oliva 和 Kallenberg，2003；Gebauer 和 Friedli，2005；Gebauer 等，2006）。对于传统以成本为导向的行业，服务化战略是企业创造差异化竞争优势的重要手段（Robinson 等，2002）。在这样的情况下，传统制造企业选择服务化升级更有利于提升顾客价值（Frambach 等，1997）、设置竞争壁垒（Mathieu，2001）和提升差异化竞争优势和重要的竞争机会（Frambach 等，1997；Gebauer 和 Fleisch，2007）。

由此可见，制造企业实施服务化的动机和竞争优势密切相关，从国内外相关研究来看，战略竞争优势是制造业服务化的动力之一。制造企业将服务化作为适应动态环境变化，满足用户需求的难以模仿的竞争手段（Oliva 和 Kallenberg，2003），通过服务化增强企业竞争壁垒，提高企业产品和服务的差异化程度（Vandermerwe 和 Rada，1988），从而创造差异化的竞争优势（Robinson，2002）。

（二）制造业服务化的外部驱动力

一般而言，在没有经受外部强大的生存压力之前，企业的行为一般是趋向于保持或维持当前现状。但是，当面临动荡的外部竞争环境压力时，企业就可能出现创新和突破形状的行为。由此可见，企业选择新的战略行为，通常或者更多是源于企业外部生存环境发生了重大变故，从而改变了企业生存的游戏规则，寻求变革适应环境抑或是企业在面临压力下的理性行为选择。若企业生存的外部环境依旧，企业行为将不存在改变的充分动机和理由，企业外在环境压力才是驱动企业行为改变的重要力量之源。因此，除了经济利益、战略竞争优势和满足用户需求等内部因素会推动制造企业实施服务化战略，企业还面临着动荡的外部制造环境条件、服务经济的迅速发展和外部竞争模式的进化等，但从过往相关研究文献来看，制造企业追求服务化战略转型的驱动力除了内在寻求改变的动力之外（Mathe 和 Shapiro，1993；Mathieu，2001b；Oliva 和 Kallenberg，2003；Gebauer 等，2006；Gebauer 和 Fleisch，2007；Parida 等，2014；Visnjic 等，2014），其外在环境、经济等的压力驱动也是制造业企业选择服务化升级战略的重要影响因素（孙林岩，2009）。经相关文献的梳理和回顾，归纳起来，制造企业实施服务化的外在驱动力主要表现在如下几个方面：

1. 自然环境和自然资源危机驱动制造业服务化

就目前制造业面临的环境而言，外部制造环境发生了翻天覆地的变化，这也是现代制造业实施服务化战略转型的重要原因之一（Vandermenwe 和 Rada，1988；孙林岩，2009）。其中，自然环境和自然资源危机是影响现代制造业服务化升级的重要因素。近年来，自然环境状况恶化与资源危机给制造业的可持续发展带来严峻的挑战。全球经济快速发展，同时也引发了全球制造产业对自然资源，特别是不可再生能源的巨大需求，再加上全球区域冲突局势升级等现实问题，这在很大程度上改变了整个制造产业的生存环境。随着人类改造自然的能力和生产水平的不断增强，以及工业文明带来的人口剧增和现代科学技术的进步，逐步形成了以资源高投入、高消费为手段，以高速度发展为途径，以生活高享受为目的的生产生活方式，对能源的需求还将持续增长。据美国能源部 2004 年度《国际能源展望》报告预测，到 2025 年，全球能源消费量将比 2001 年增长 54%。其中，工业国家的能源消费将以平均每年 1.2% 的速度增长。此外，中国和印度等亚洲国家的能源需求将占全球能源需求增长量的 40% 和发展中国家增长量的 70%。可以说，全球工业生产和能源消耗增长，在很大程度上改变了人类与自然界合理的循环速度，打破了人类与自然界的平衡与稳定，由此而导致了环境资源危机的产生，这势必推动制造业向服务化升级。

2. 用户需求变化驱动制造业服务化

随着顾客经济收入水平的提高和知识能力的日益成熟，顾客对制造产品的需求属性和内容都发生了变化。而产品消费市场竞争的白热化程度也极大地影响了顾客的消费选择及其结构。当前，企业面对的顾客已不再是过往购买能力不足、产品知识相当匮乏的顾客，当今顾客对产品的追求或购买已经远远超越了对有形产品本身的追求。随着顾客需求的变化，顾客已从以产品为中心，转变到以产业所体现的服务或效用为中心（Oliva 和 Kallenberg，2003）。顾客已逐步意识到购买产品仅只是手段，利用产品获取产品的功能，实现自己的效用才是消费者购买的最终目的。特别是，顾客在购买和使用个性化产品的过程中，意识到生产性企业有能力根据其个性化的需求来定制产品和服务，从而能够为自身带来更多的效用和价值。一般而言，企业提供的服务会在很大程度上影响消费者的购买决定，并且在营销学的研究领域中，企业提供服务的重要性也一直被持续地重视着（Malleret，2006；Gebauer 和 Fleisch，2007）。制造企业提供服务能够对顾客行为和心理带来积极的影响，例如，制造商提供服务能够改善客户对产品的接受程度、增进客户购买产品的意愿（Lichtenthal，1998；Smith，1998），也往往更能够引起重复销售（Mathieu，2001）。制造商通过提供服务能够提升顾客忠诚度，实现顾客对供应商的依赖状态（Vandermerwe 和 Rada，1988；Correa 等，2007）。此外，制造商提供服务还能够加强与顾客接触的机会，从而通过提供服务使供应商正确定位，以满足用户需求（Malleret，2006）。

对制造企业而言，无论进行怎样的变革，究其根源都是为了满足市场用户的需求。因而，制造企业实施服务化也在很大程度上受到用户需求的驱动（Vandermerwe 和 Rada，1988）。相比过去而言，在制造产品或 B2B 领域，顾客对服务已经有着越来越多的需求（Vandermerwe 和 Rada，1988；Oliva 和 Kallenberg，2003；Auramo 和 Ala - Risku，2005；Slack，2005）。市场需求变化推动了中国的制造企业向服务化转变，并且制造业服务化趋势也愈演愈烈（Guangjie 和 Gregory，2007）。因而，制造企业通过提供综合的产品和服务更能符合客户期望，从而能更好地满足客户需求（Looy 等，2003）。因此，关注企业能否为顾客在产品使用过程中提供个性化的增值服务支持以满足自己约束性的需求已成为顾客经济行为的基本选项。

由此可见，满足市场需求是制造业实施服务化战略的又一动机，在越来越激烈的市场竞争环境下，顾客对制造企业的服务需求越来越多（Oliva 和 Kallenberg，2003），制造企业通过提供产品和服务，能够更好地满足用户需求，也能够进一步增强用户忠诚（Oliva 和 Kallenberg，2003；Slack，2005）。

3. 企业竞争模式的变化推动制造业服务化

随着科学技术的发展、消费和市场模式的变迁，企业的竞争模式也随之产生了变化。无论是企业对待顾客、供应商的理念，还是企业对待竞争对手所采取的竞争方式，以及企业培育竞争优势的具体策略和措施等也都发生了巨大改变。例如，企业之间的竞争已经从利润最大化到价值最大化；企业之间也不再是纯粹的竞争关系，而是从竞争转变为竞合；企业也从产品竞争转变为服务竞争；此外，企业还从传统的竞争转变到企业的价值创新。制造企业要实现持续的发展和提升竞争优势，不可避免地需要关注行业竞争者，可以说，行业竞争模式的变化对传统制造业的发展带来了巨大的挑战。

由此可见，企业竞争模式的进化和推陈出新，使得企业的竞争模式和竞争理念不得不发生改变，这就要求制造企业在符合当前市场竞争需要的前提下，对过往的商业模式作出适当的调整，从而适应外部竞争模式的变化。因此，企业竞争模式的变化是促使制造企业实施服务化战略的动力之一。

4. 服务经济的迅速发展推动制造业服务化

近年来，服务经济的迅速发展已经成为全球经济发展的一个典型特征之一。自 20 世纪下半叶以来，服务业在全球范围内得到迅速发展，各国经济的服务增加值占国民生产总值的比例也日益扩大。随着服务业在全球经济中重要性的凸显，在许多国家的经济增长中，服务业正变得越来越重要，几乎所有国家的服务业都呈现急剧增长的趋势。全球服务业产出在整个经济中的比重持续增长，全球主要发达国家的服务业占 GDP 的比重达到 71%，中等收入国家达到 61%，低收入国家达到 43%。同时，服务业吸收就业比重也不断增加，西方发达国家服务业就业比重普遍达到 70% 左右，少数发达国家达到 80% 以上。据德国国家统计局发布的数据显示，2019 年，德国的第三产业增加值占 GDP 的比重约为 70%，第二产业和第一产业合计占比约为30%。此外，日本的第三产业占GDP比重也已超过70%，美国的第三产业占GDP比重甚至高达81%。据世界银行统计数据，众多发达国家的服务业占GDP的比重都已经超过2/3。去工业化，发展服务业已经成为发达国家的主要任务。发达国家的经济重心正从制造业向服务业转变，通过服务业的发展以增强制造业的竞争力，努力实现经济从“工业型经济”向“服务型经济”转变，其附加值中有越来越大的比重来源于服务，而不是加工制造。与此同时，我们也应看到，诸多发达国家，尤其是美国、德国、日本等国家并未完全放弃制造业。从总量来看，美国、日本和德国的制造业仍是全球领先的，仍大幅超过印度、俄罗斯、巴西、土耳其、墨西哥等其他发展中大国。

就我国而言，习近平总书记强调：“近年来，新一轮科技革命和产业变革孕育兴起，带动了数字技术强势崛起，促进了产业深度融合，引领了服务经济蓬勃发展。”2019年，我国服务业增加值占国内生产总值比重达到53.9%，相较于2015年提高了3.4%，服务业成为推动我国经济增长的主要动力。作为现代服务业的重要组成部分，生产性服务业呈现出茁壮成长的态势，持续推动产业结构优化升级。相关数据显示，2020年上半年，我国新兴数字化服务和研发、维修等生产性服务业快速增长，企业承接服务外包合同额6795.3亿元，执行额4501.3亿元，同比分别增长5.9%和10.9%（人民网，2020）。“十四五”以来，我国密集出台多项服务业对外开放的新举措，服务业对外开放发展正大踏步向前发展。统计显示，我国服务贸易保持较快增长，知识密集型服务进出口稳定增长。2022年我国服务进出口总额59801.9亿元，同比增长12.9%，知识密集型服务进出口25068.5亿元，增长7.8%（中国新闻网，2023）。

由此可见，服务业和制造业融合发展正日益成为推动我国经济发展的重要力量，支撑经济的发展不能仅仅依靠服务经济和虚拟经济，而是必须依靠强大的实体经济和制造业。顺应制造和服务融合发展的趋势，制造业企业为了保持核心竞争力，逐渐将加工制造等非核心业务环节外包出去，将产业链上的“制造环节”转移外包，进一步做强自己的核心业务，从而实现服务化升级。

5. 服务与制造产业的融合发展推动制造业服务化

自 20 世纪 80 年代末期以来，世界范围内制造业呈现出高度一致的服务化新趋势，并且制造业有向服务业方向纵深融合发展和持续延伸的强劲势头。事实上，现实中已经很难分清哪些企业是制造企业，哪些企业是服务企业。在宏观统计数据上，制造业和服务业是互为生产要素的投入来源，服务与制造已呈现越来越明显的融合趋势。其中，最为明显的制造业服务化趋势主要表现为中间性服务和互补性服务，包括直接作为企业的中间投入，作为商品交换过程一部分的流通和金融服务，与新生产结构相适应的人力资本形成的服务以及整个生产体系的空间协调和规制所需要的服务。相关统计数据表明，在服务业迅速发展的同时，制造业也在发生深刻的变革。一方面，从产业层面上来看，制造产业的价值链不断延伸，从加工制造领域延伸到服务领域，在有形产品的消费过程中，伴随着更多的服务性消费。制造业企业通过产品与服务组合形成差异化，为用户提供一整套的产品服务系统，以拓展新的利润空间，进而使得制造业与服务业的边界变得越来越模糊。另一方面，从企业层面上来看，就单个制造企业而言，企业更关注如何创造核心竞争优势，由于价值链上存在附加值较低的低端环节，企业不愿意将全部资源投入到价值链所有环节，因而，企业的价值链呈现日益缩短趋势。诸多制造企业正在实施制造业服务化，制造企业通过相互提供生产性服务，实现生产高效和创新迅速，从而提升企业创造的附加价值。

在传统制造业中，很多依附于制造活动的服务活动的地位也在发生着变化。随着服务业的发展，那些原来附属于制造业的服务活动现在已成为独立于制造业的部门活动。同时，由于信息技术的快速发展，一些服务的固有属性也因此而发生改变。相比较过去而言，服务业也融入了更多制造业的要素，并逐渐向服务产业化方向发展。与此同时，制造业也在逐渐增加“非实体”的服务成分，越来越多的服务被作为制造业的中间投入要素，制造业和服务业间正发生着越来越多的互动。服务业尤其是生产性服务业与制造业之间高度呈现相互影响、相互作用、共同发展的内在联系，存在着一种动态的互补互动机制。从实践当中可以看到，随着服务业的快速发展，制造业与服务业的关系并没有因分工深化导致的生产性服务业与制造业的分离而变得越来越远，而是制造业与服务业之间由分工走向互动，并表现出一定程度的融合趋势。因此，经济活动发生了以制造为中心向以服务为中心的转变，现代经济已经出现现代服务业主导制造业的现状，制造业服务化和服务业产业化的趋势非常明显，以制造为依托的服务业是符合制造业与服务业融合趋势的发展模式与发展道路。

上述从企业内部和外在环境的角度对制造企业服务化战略转型的驱动因素进行了归纳总结。了解制造业服务化的内外部驱动因素，对本书有关制造业服务化的相关研究提供了丰富的线索，使我们了解到企业内外部环境的变化对驱动制造企业进行服务化战略转型具有重要影响作用。但遗憾的是，尽管过往研究发现，置身于强大内外部环境压力中的传统制造业企业也有成功实现了服务化战略转型的典型案例（White，A. 等，1999；Johnstone，S. 等，2009；Bettencourt 和 Brown，2013），但较多研究也发现，在众多实施服务化战略转型的传统制造业企业中，能成功实施服务化战略升级转型的制造企业并不占多数，甚至失败者甚多（Baveja，J Gilbert，2004；Gebauer，Fleisch 和 Friedli，2005；Neely，2009；Bruce S.，2011；Visnjic 等，2014）。这暗示了制造企业内外部强加的环境压力对企业服务化战略行为的选择具有驱动作用，但是，制造企业的服务化战略要想顺利和成功，并不是简单的事情。因此，我们有理由认为，在数字化经济的环境压力下，制造企业想要成功实施服务化战略转型，还需考虑自身适应数字经济转型的知识和能力状况，特别是在实施服务化战略转型过程中如何获取所需的各种数字化制造资源、知识和技术，通过数据赋能或许是制造企业服务化战略成功转型及其绩效获取与改善的重要路径。

三、制造业服务化的趋势

服务业和制造业的融合对于制造业提升产业竞争力、实现产业结构升级具有明显的效应（Neely，2007），制造业服务化已经成为当前全球制造业发展的趋势，服务经济成为全球产业的发展趋势。

(一) 制造企业提供服务的比重上升

Vandermerwe 和 Rada（1988）首先指出制造业服务化涵盖三大重叠性的阶段：一是提供产品或服务阶段，这一阶段，企业不是提供产品就是服务；二是提供产品和服务的阶段：部分企业开始同时提供产品和服务，制造业企业更偏向于提供更多与制造相关的服务，服务业企业则会运用更多的产品来传递服务，这一阶段制造企业提供的典型的附加服务就是售后服务，如物品的安装、维护和修理，但服务是伴随物品的服务；三是提供产品、服务、支援、知识和自助服务的阶段，这一阶段制造企业提供的是产品和服务构成的产品服务包（Bundle）。台湾地区"经济技术部"（2010）《产业专业人才发展推动计划书》中指出制造服务化可涵盖三大重叠性的阶段，与 Vandermerwe 和 Rada（1988）提出的类似，分别包括：一是提供产品或服务阶段，这一阶段是初级阶段，实现了产品与服务的分离，企业不是提供产品就是提供服务；二是产品与服务整合阶段，实现了产品和服务的融合，即同时提供产品和服务，其中，制造业企业提供更多服务，服务业企业提供更多的产品传递服务；三是产品、服务、支援与自主服务整合阶段，即制造企业除了提供产品与服务外，更进一步整合后续支援与自主服务机制。从制造企业提供服务的这三个阶段来看，服务所占的比重越来越大。

基于此，一般而言，制造业服务化的路径可总结为从仅提供产品到服务附属于产品、产品 + 服务、产品与服务融合、服务独立于产品提供功能服务四个阶段。第一阶段，制造企业开始伴随产品提供"产品附加服务"，仍被称为产品提供商，典型的就是提供售后服务，服务产生的附加值较低，该阶段与 Vandermerwe 和 Rada（1988）、White（1999）提出的第二阶段观点基本相同；第二阶段，制造企业提供"产品 + 服务"，但仍以产品为主，被称为产品 + 服务提供商，服务产生的附加值比重明显高于第一阶段，基本能够达到30%，因而具有中等的附加值；第三阶段，制造企业将产品和服务进行融合，产品和服务密不可分，被称为服务制造商，服务附加值的比重进一步提高，少能够达到50%，因而具有较高的附加值，该阶段类似于产品服务系统（PSS）；第四阶段，制造企业已经独立于产品生产，而是进入咨询顾问领域，提供整合性解决方案，被称为解决方案提供商，主要利润来自整合解决方案提供的服务，服务产生的附加值最高。

制造业服务化各阶段是服务比重逐渐增加和完善、企业的核心能力和服务能力不断提升、价值链范围不断扩大和服务附加值不断增值的过程。制造业服务化存在一个产品服务连续区理论（Product - Service Continuum），Fishbein（2000）提出服务化的具体的演变历程包括：卖产品、卖产品及附加服务、资本性租赁、维护性租赁、租赁及附加服务、卖功能、卖服务等，这些历程反映了制造企业经历了从卖产品到向顾客提供服务的一系列制造业服务化状态，也体现了服务所占比重的升级。

（二）制造企业由提供服务向提供综合解决方案转变

从Vandermerwe和Rada（1988）、台湾地区“经济技术部”（2010）对制造业服务化阶段的划分来看，随着服务化的升级，制造企业提供的服务类型也从单一向综合服务升级，实则在第三阶段中，服务才被看作提供的重要组成部分，是由产品和服务构成的完整解决方案。安筱鹏（2010）从价值链的角度出发，分析制造企业服务化转型的路径时，提出四种途径：基于产品效能提升的增值服务、基于产品交易便捷的增值服务、基于产品整合的增值服务和从基于产品的服务到基于需求的服务，前三种路径的出发点是基于有形产品的研发设计、产品交易和功能提升，属于制造业服务化的初级阶段。从基于产品的服务到基于客户需求的服务转型才是制造业服务化的高级阶段，企业不再是产品提供商，而是解决方案提供商。国内学者何哲和孙岩林（2012）认为，根据服务活动在制造企业中的融入程度，制造企业服务化可以分为服务起步、制造 + 服务、网络构建及服务型制造四个演进阶段。第一阶段：企业通过延长服务链，初步从销售产品转为销售解决方案，增加服务在收入中的比重，开启服务化；第二阶段：制造+服务阶段，企业逐步实现产品+服务的经营模式，服务收入占总收入的50%左右；第三阶段：网络构建，企业开始着手构建或者融入服务型制造的网络系统，服务的比重进一步提高；第四阶段：企业的服务网络构建完善，主要利润来自服务解决方案，一切活动都致力于满足顾客的服务需求，企业真正实现服务型制造。

由此可见，很多学者都强调，现代制造业概念中最重要的是里面包含了大量服务的内容，甚至服务变成了制造业的主要内容，服务化的发展方向是提供综合的解决方案。

（三）制造企业提供的重点向服务功能转变

制造企业从提供产品的角色转变为服务的提供者，服务化驱动交易型经济转变为服务经济，在服务经济下服务可划分为非物质性的服务（Non - material Services）、物质或产品导向的服务（Material or Product - based Services）两大类（White，1999）。物质或产品导向的服务包含产品延伸服务和产品功能服务。随后，很多学者也开始认识到制造业服务化的核心是提供产品功能服务，经济活动的价值创造和衡量渐渐以“提供功能”（Function Provided）为主（White，1999）。对制造商而言，产品已经成为传达其功能的一项载体或工具，生产产品本身并非企业的目的，提供产品功能才是企业的真正目的；对顾客而言，产品或服务的功能才是评价交易价格的基础，而不是产品和服务本身。例如，Baines（2007）和Toffel（2008）也极力主张产品服务系统更加强调“销售使用”（Sale of Use），而不是“销售产品”（Sale of Product）。以上学者的观点，都印证了制造企业从提供产品和服务本身向提供产品和服务功能的转变趋势。

（四）服务化是从价值链低端向高端升级

国内学者近几年开始对代工制造（OEM）企业的发展路径有所研究，

杨桂菊（2010）构建了我国 OEM 企业转型升级的理论模型，指出我国 OEM 企业转型升级的演进路径是从 OEM 依次延伸到 ODM（代工设计）阶段和 OBM（Original Brand Manufacture，自主品牌）阶段，最后达到 IBM（International Brand Manufacture，国际品牌）阶段；并且表明：OEM 企业转型升级的过程，即是代工企业在“核心能力”不断升级（降低其可替代程度）的基础上，扩展其“价值链活动”范围（提升其价值增值程度）的过程。林怡君（2012）提出台湾地区的制造业服务从 OEM、ODM、EMS 到 CMMS 几个阶段，皆在逐步导入服务内涵，OEM（Original Equipment Manufacturing）接受客户完全定制，按原图设计代工制造，ODM（Original Design Manufacturing）为客户提供设计、制造的代工服务，EMS（Electronics Manufacturing Service）提供经济规模及全球各地的电子专业代工制造服务，CMM（Component Module Move Service）包含了共同设计开发制造和共同设计服务制造。

制造业服务化可以看作一种产业价值链的延伸（Lin，2008）。从价值链的角度出发，学者们强调制造业服务化在价值链上下游端移动，并且从价值链低价值端向高价值端转移。事实上，在 20 世纪 90 年代，许多成功的制造业企业都渐渐开始往上游研发设计端和下游客户端移动（Wise 和 Baumgartner，1999）。

（五）服务化成为制造企业高附加值的重要源泉

制造业企业除了专注于核心制造能力外，更要以“全产品生命周期”的概念，从“整合性解决方案”的角度思考具有更高附加值的企业本身的营运范围。制造企业可能同时往上、下游移动，介入研发、设计、规划等高附加值的上游阶段（Davies，2003；2004）。制造业发展的趋势是向产生高附加值的方向转移，制造业服务化将价值的产生由过去来自生产流程的产品价值转变为服务创造的附加价值（Quinn，1990），制造业服务化最主要的目标是发展成一个以产品为基础，通过服务的增值，创造更多价值的商业模式（Lin，2008），可以说，服务化是企业实现高附加值的重要源泉。

（六）强调以满足用户需求为导向

制造业服务化要实现价值增值离不开企业与客户之间的紧密互动。Cohen（2000）指出企业制定符合顾客需求的策略，可以提升顾客对售后服务的满意度。产品制造商必须整合服务到其核心产品（Oliva 和 Kallenberg，2003），即服务与产品的系统整合，同时强调制造业服务化要改变与顾客的互动模式，从交易为主到关系为主，新的价值主张从产品效率为主的产品导向转变为顾客导向，不能从个别厂商的角度来思考问题，而是必须考虑跨组织的关系，特别强调厂商和重要客户的共同发展。Kalliokoski（2003）则根据不同的顾客亲密度，提出制造业的最佳服务参考架构，区分五种不同的供应商地位/角色，进而强调“共同创造”的重要性。Baines（2007）分析过去产品服务系统的相关研究，指出产品服务系统的设计必须从客户的观点切入，善用顾客早期的参与。

制造业服务化的目标是满足客户需求，实现价值创造和增值（Mont，2002；Manzini 和 Vezzoli，2003）。从服务化的内涵也可以看出，诸多学者无论强调服务化是一种结果还是一个过程，都绕不开满足用户需求这一服务化目的。服务化的价值体现，需要通过用户的使用价值、体验价值和互动价值等才能真正予以实现。因此，服务化的研究趋势必然会一直关注对用户需求的满足，以满足用户需求为导向。

综上所述，制造业服务化成为全球制造业发展趋势，具体概括为：趋势一：制造企业提供服务的比重和服务类型综合程度的提升；趋势二：制造企业提供服务向综合解决方案转变；趋势三：制造企业提供的重点向服务功能转变；趋势四：服务化是从价值链低端向高端升级；趋势五：服务化成为制造企业高附加值的重要源泉；趋势六：制造企业服务化强调以满足用户需求为导向。

四、制造业服务化的路径

关于制造业服务化的路径，学者们从制造业服务化的发展现状及未来方向提出了自己的见解。国内外很多学者分析了制造业服务化的演进“阶段”呈现的不同模式，部分学者还直接分析了制造业服务化升级的具体模式。

(一) 制造业服务化转型的路径

简兆权和伍卓深（2011b）基于微笑曲线的观点，以价值链为研究对象，着眼于服务化过程中企业价值链延伸的过程，指出了制造业服务化的路径。鉴于制造企业可能具有不同的能力和特点，从而可以从微笑曲线的中间的价值较低的组装制造等环节，向价值较高的研发设计、品牌推广等两端环节延伸，依循下游产业链服务化、上游产业链服务化、上下游产业链服务化和完全去制造化四条路径来实现服务化。刘建国（2012）强调企业价值链和产品服务系统的差异将导致不同的服务化路径，企业应选择在核心能力和竞争优势的基础上的路径去实现服务化转型，从而建立了由“企业转型—转型模式—服务类型—产品服务系统”组成的制造业服务化转型体系结构。

周大鹏（2013）基于 Vandermerwe 和 Rada（1988）提出的制造业服务化的三个阶段，提出制造业发展的三种可能路径：一是以制造业务为主；二是进行制造服务的产业融合；三是以提供服务为主，这三种路径是在有形价值和知识价值的不断积累下，呈螺旋式上升的产业发展路径。

（二）产品服务系统的服务化路径

产品服务系统是制造业服务化的一种典型表现，刘建国（2012）依据制造企业服务化程度和企业竞争优势的重点，明确制造企业的服务化方向是基于产品还是基于服务，归纳出产品服务系统（PSS）的四种典型模式：一是面向产品的产品服务系统（Product - oriented PSS，PPSS）。这种模式下，企业以传统方式销售产品，将产品所有权转让给顾客，同时为客户提供相应的服务。在 PPSS 系统中，企业只是单纯的产品生产者和提供者，竞争的重点是产品而不是服务，具有最低的服务化程度。二是面向方案的产品服务系统（Scheme - oriented PSS，SPSS）。企业在有形产品的基础上增加服务功能，但不转让产品的所有权。在 SPSS 系统中，虽然产品仍旧是企业竞争优势的基础，但服务已成为非价格营销的重要手段和收入的重要来源。三是面向应用的产品服务系统（Apply - oriented PSS，APSS）。企业将产品在一定时期内的使用权及相关支持服务出售给顾客，但不完全转让产品的所有权。顾客通过购买产品在一定时期内的使用权和相关的支持服务实现其效用。在 APSS 系统中，竞争的重点进一步转向服务，增值性服务成为收入的主要来源。四是面向效用的产品服务系统（Utility - oriented PSS，UPSS）。企业直接向顾客提供产品的功能或解决方案，顾客既不拥有产品也不直接使用产品，而是通过购买产品和服务的功能获得效用。在 UPSS 系统中，企业提供给顾客的是几乎没有产权的功能，竞争的焦点也从产品转向服务，具有最高的服务化程度。

综合看来，从制造业服务化的发展路径来看，学者们普遍认为，制造业服务化应当基于企业核心竞争力和优势、自身能力和特点等选择适合企业的发展路径。同时也要看到，明确提出制造业服务化发展路径的文献尽管已经存在，但是，结合数字经济时代特点，提出切实可行的路径的研究还不多见，也并不完全成熟。

五、制造业服务化的模式

（一）产品服务系统（PSS）的模式

作为一种典型的服务化模式，Mont（2004）提出产品服务系统（PSS）的三大类型：（1）产品导向模式（Product－oriented）：该模式强调制造企业以产品为基础，提供额外的服务给产品，如产品咨询、维修、退换等，产品导向模式与White（1999）提出的产品延伸服务模式类似；（2）使用导向模式（User－oriented）：该模式强调交易的标的是产品的功能而非产品本身，如产品的租赁和共享的服务，使用导向模式与White（1999）提出的产品功能服务类似；（3）结果导向模式（Result－oriented）：该模式更注重确保顾客的满意度，以顾客是否满意作为提供服务的衡量和变革标准，结果导向模式和Davies（2004）提出的整合解决方案（Integrated Solutions）类似。

（二）基于“投入—产出”的制造业服务化模式

Szalavetz（2003）从“投入—产出”的视角提出了制造业服务化的两层含义，包括：投入服务化和产出服务化。就投入服务化而言，企业内部服务的效率对提升制造企业的竞争力越来越重要，竞争力不仅来源于传统制造活动的效率，还来源于内部服务的有效组织和提供；就产出服务化而言，由于与物品相关的外部服务对顾客来说复杂性和重要性日益提高，物品服务包不仅包括维护和修理，还包括购买、融资、运输、安装、系统集成和技术支持，因而，强调为顾客提供的服务质量对提升服务化的竞争力的重要性。刘继国（2007）也借鉴Szalavetz（2003）的研究，将制造业服务化分为了投入服务化和产出服务化，投入服务化更强调企业中间服务要素的投入，是企业投入以实物要素为主转向以服务要素为主；产出服务化，更强调制造企业服务产出结果，是指企业产出以实物产品为主转向以服务产品为主。

（三）基于"价值链"的制造业服务化模式

基于"价值链"的制造业服务化模式，主要是从价值链的角度出发，强调制造业服务化在价值链上的延伸而呈现的不同服务化模式。Kotler（2003）根据服务在价值链上的位置，以及服务在企业价值创造中所占比重的上升，定义了五大"服务组合"（Service Mix）类型，包括：有形产品（Pure Tangible Goods）、附加服务产品（Tangible Goods with Accompanying Services）、混合型（Hybrid）、附加产品和服务的服务型产品（Major Service with Accompanying Goods and Services）和纯服务（Pure Service），这五种服务组合模式，服务所产生的附加值越来越高，到最后一种纯服务模式，已经就是产品的服务功能，而非产品本身。Oliva 和 Kallenberg（2003）提出制造业服务化模式的转型流程分为四个阶段：一是构建产品所能提供之服务；二是进入产品销售累积的服务市场；三是扩张销售累积服务的提供，这一阶段强调，一方面改变与顾客的互动模式，从交易到关系为主，另一方面，价值主张的改变，从产品效率为主的产品导向转变为顾客导向；四是接管最终使用者的营运，即进入最终使用者的维修或营运服务。陈信宏等（2008）在整合制造业服务化相关研究的基础上提出了制造业服务化的三大发展模式，分别是：产品延伸服务模式、产品功能性服务模式和整合性解决方案模式（见表4-2）。（1）产品延伸服务模式：该模式仍然将企业基本定位为制造者，制造企业基于原本的核心供应链或价值链地位向上或向下延伸运营范围，进而提供产品延伸服务（White，1999；Mont，2004），例如，从事 OEM 代工模式的制造业通过价值链上的延伸，逐渐转变为 ODM 模式。（2）产品功能性服务模式：产品的所有权仍在制造者端，但是，制造者专注于提供产品功能，顾客买的是产品的功能而非产品本身，例如，许多制造企业提出了租赁或共享的概念（White，1999；Mont，2004），出售的是产品的使用功能，通过服务计算顾客支付的成本。（3）整合性解决方案模式：该模式强调制造商为用户提供的是一整套解决方案或结果，涵盖服务、产品和系统等三大要素（Mont，2004；Davies，2004），其不仅为顾客带来更便利的服务，还可以为顾客解决更多复杂的问题。

表4-2 制造业服务化的典型模式

模式	重点	代表性作者
模式一： 产品延伸服务/产品导向 (Product Extension Service/Product-oriented)	厂商的基本定位仍然是制造者，但基于原本的核心供应链或价值链地位向上或向下延伸运营范围，进而提供产品延伸服务	White（1999） Mont（2004）
模式二： 产品功能服务/使用导向 (Product Function Service/User-oriented)	产品的所有权仍在制造企业，制造企业提供产品功能，顾客购买产品的功能而非产品本身，例如租赁或共享的概念	White（1999） Mont（2004） Toffel（2008）
模式三： 整合性解决方案/结果导向 (Integrated Solution/Result-oriented)	制造企业提供的是一套解决方案或结果，可能涵盖服务、产品和系统三大要素，以回应顾客的需求并确保顾客的满意度	Mont（2004） Davies（2004）

资料来源：根据陈信宏、温蓓章、余佩儒（2008）文献整理。

整体而言，基于“价值链”的制造业服务化模式呈现如下特点：

首先，强调服务化在价值链上的延伸。Wise和Baumgartner（1999）从“价值链”角度分析成功的制造业服务化模式，将服务的范围延伸至下游端客户，下游端的服务模式包括四类：一是嵌入式服务（Embedded Service）：将新的服务内容建于产品中，如智慧型产品；二是全面性服务（Comprehensive Services）：在产品的生命周期内，提供融资、营运、维修等服务；三是整合解决方案（Integrated Solutions）：结合产品与服务间的无缝隙服务；四是分布控制（Distribution Control）：进入咨询领域，掌握具获利性的渠道活动。台湾地区的“工研院产业经济与趋势研究中心”（2007）

将制造业服务化发展模式分为两类：第一类模式是累积企业本身对客户价值链的了解，扩大价值链上下游的服务范围，创造既有客户的最大化价值，第二类模式是将本身优势功能独立于商业服务，扩大新客户群，创造企业最大化价值。Toffel（2008）研究了两大制造服务形态，突出相关定价模式和营收模式之转变。一是制造—生产者服务化（Manufacturer - user Servicizing），制造商外包部分流程给上游供应商，二是顾客—消费者服务化（Customer - user Servicizing），以组合型租赁概念为主，还包含了单位定价结构、全面性保养、维修和服务等。

其次，强调提供产品或服务的组合。Toffel（2008）认为服务化是一种与传统销售模式相对应的业务模式，该模式具有四个特点：制造商向顾客出售的是物品的功能而不是物品本身；制造商保留它所生产的物品的所有权；顾客根据物品的使用情况向制造商付费；制造商维修物品而不向顾客收取费用。Raddats 和 Easingwood（2010）认为制造业服务化的运营模式可有多元供应导向的服务和产品/顾客导向的服务两个面向所组成的四种服务模式来表达：（1）为自有产品服务或向第三者提供附属服务，同时关注自由活动第三方产品的安装、维修、培训等附加服务；（2）自有产品的附属服务，只关注自有产品的安装、维修、培训等附加服务；（3）厂商中立的营运服务，如系统整合、技术价值服务等；（4）自有产品营运服务的提供，如管理服务等。陈万来（2011）将制造业服务化模式归纳为三个构面：客制化、价值化和整合化，客制化是指企业可根据客户需求，提供所需的产品或服务；价值化是指相对于其他竞争者，企业能以更低的成本向客户提供更高附加值的商品与服务；整合化是指企业有能力整合企业内外部资源，向客户提供包含商品、服务、支援、自主性服务、知识等完整市场配套或整体性服务。

最后，强调提供整合解决方案。Davies（2004）提出整合解决方案（Integrated solutions）的概念，强调对于客户服务来说，制造业者需要同时往上下游移动，介入规划设计的上游阶段服务，才能符合客户需求，制造业者转型为服务业者的整合解决方案须具备四项能力：一是系统整合，这是主要的核心能力，包含硬件及软件的整合；二是营运服务，即五星的服务；三是企业顾问，即提供相关问题的建议；四是卖方融资，以价值共享合约的形态降低买方系统的购买价格方案。Brady（2006）强调企业进入整合解决方案（Integrated solutions）必须发展新能力，包括：系统整合（System Integration）、运营服务（Operation Services）、企业诊断服务（Business Consultancy）、卖方财务设计（Vendor Financing），企业需要设立新的组织形态，包括三种类型：一是前台面对顾客的机构（Customer - facing Units；CFUs）；二是后台能力提供者（Capability Provider）：产品和服务单位；三是策略中心（Strategic Center）：致力于发展战略、组织结构和品牌，并促成前台和后台合作。

六、制造业服务化的影响因素

制造业服务化绩效的研究指出了“服务化悖论”的存在（Gebauer 等，2005，2012；Neely，2009），认为制造企业服务化与企业绩效曲线存在动态变化关系，不同情境下制造业服务化对企业绩效的影响不同，服务化要投入到一定的程度才能够产生服务化效益（Fang 等，2008）。因此，有部分研究开始关注制造企业服务化获得企业绩效的边界条件，这类研究认为制造企业服务化对制造企业绩效的改善是存在条件性的，即存在获得服务化绩效的关键影响因素。当前有关制造业服务化影响因素的研究已经有了一定的成果，主要集中在四个方面：一是考虑环境和组织因素对制造业服务化的影响；二是考虑不同服务化类型对制造业服务化的影响；三是考虑企业战略对制造业服务化的影响；四是其他因素对制造业服务化的影响。

（一）服务化类型对制造业服务化的影响

一部分学者研究了制造企业实施不同服务化类型对服务化战略的影响。周艳春（2010）讨论了服务化战略对企业绩效的影响，将自变量服务化战略分为服务化战略的程度、服务化战略的类型和服务化战略的模式，研究了服务化程度和产品导向、整合导向、服务导向、使用导向四种类型和“产品+附加服务”“增值服务”“整体解决方案”三种服务化战略模式对企业绩效的影响。研究结果表明：服务化战略的程度及三种服务化战略的模式都对企业的市场绩效表现出了积极的正向影响，而对企业财务绩效的影响却不够显著，较高端的服务化战略模式，如增值服务模式、整体解决方案模式，甚至对财务绩效表现出了一定的负向影响。该研究认为服务化战略对企业的市场绩效产生积极的正向影响。而对财务绩效没有积极正向影响，说明服务化战略密切了企业与顾客的关系，对市场绩效往往能起到立竿见影的效果；而企业资源和能力的巨大挑战决定了其对财务绩效的影响必将是一个长期的过程，短期内不可能很快见效，甚至还会因为服务投入的大量增加，短期内所获得的收益难以弥补成本的迅速上升，而对财务绩效产生负向的影响。郑嘉仪（2012）将研究价值化、整合化、客制化三种企业服务化模式对企业价值服务创新能力和企业营运绩效的影响。研究发现：制造业服务化的客制化能力与整合化能力的构建，使产品与服务提升，促进服务创新，并使顾客感受到更多附加价值，进而提升企业整体运营绩效，而价值化能力则未对价值创新产生正向影响。以上研究表明，不同的服务化类型对服务化战略的影响不同，对企业市场绩效和财务绩效的影响也有区别。

部分学者探讨了服务化类型与产品相关性对制造业服务化的影响。Fang 等（2008）从竞争优势的角度来解读服务化对企业绩效影响的问题，认为企业如果自行开展一些与产品相关的配套服务，那么原有所依托的服务商的专业化优势就会逐步丧失，进而甚至会影响到公司的市场价值。因此，提供的服务与企业核心业务更相关和企业具有更多可提供的资源时，服务化战略更有利于增加企业绩效。增加核心产品的服务对企业绩效的影响放大了产业动荡性，但当企业核心产品属于高增长行业时，产业的动荡性会降低。Neely（2009）将服务化划分为产品导向、整合导向、服务导向、使用导向及结果导向五种类型，尽管研究认为采取服务化的制造企业营利性整体上优于仅仅从事制造活动的纯制造企业，但研究指出企业涉足服务领域过多对绩效是不利的。Visnjic 等（2012）研究了不同服务化类型对制造企业财务绩效的影响，以提供服务的数量来衡量服务化“宽度”，以服务提供的完整性和成熟度来衡量服务化“深度”，研究发现增加服务“宽度”对服务化绩效有负面作用，而增加服务化“深度”将会导致较高的利润额和市场价值增长。研究还发现，服务深度和产品创新投资之间的相互作用仅仅在一定程度上具有积极性，同时关注高水平的服务熟练度和高水平的产品创新可能导致对绩效的负面影响，因此，应平衡全范围的服务化战略和创新战略。肖挺（2015）将企业所涉足的生产型服务业区分为与商品关联性较强的“产品导向”型服务业以及与商品关联性弱的“消费导向”型服务业，研究发现，制造厂商加大服务业务的投资规模对于企业的成长能力有显著的促进作用；制造企业所涉足的服务领域越多，对企业的利润水平以及企业价值都越为不利，即“服务化悖论”是存在的，但与产品关联性较强的“产品导向”服务业务数量则不对企业利润水平以及企业的价值产生消极影响；技术研发与服务化战略对于企业绩效有很强的协同效应。肖挺（2015）的研究认为真正导致企业利润率或是企业价值贬损的是企业涉足于自身并不熟悉的“消费导向”型服务业，企业应着重发展与产品关联度高的“产品导向”型服务业。从以上研究可以看出，企业实施的服务与产品关联性较强时，能够对企业实施服务化产生积极影响，而企业实施的服务与产品关联性较弱时，往往会对企业实施服务化产生负面影响。

（二）企业战略对制造业服务化的影响

也有学者集中研究战略一致性对服务化绩效的中介作用，认为战略一致性会对实施服务化的企业绩效有正向影响，并且受到不同变量的调节。胡查平和汪涛（2013）研究了制造业服务化对企业绩效的影响，将战略一致性作为中介变量，顾客需求复杂性作为调节变量。研究结果表明：制造企业服务提供对企业战略一致性有显著影响；战略一致性对制造企业绩效有显著的正向影响；顾客需求复杂性对制造业服务提供与战略一致性有调节影响。制造业服务化战略的选择和战略行为环境的复杂性共同驱动了制造企业聚焦战略一致性行为的选择。胡查平等（2014）检验了组织战略一致性和社会技术能力对制造企业服务化对企业绩效影响的调节作用，研究结果发现服务化绩效的获得很大程度上依赖于组织战略一致性和社会技术能力的调节。战略一致性包括目标一致和手段一致，当目标和手段都达成一致时，战略一致性能实现对企业绩效的显著正向影响。社会技术能力是网络中各利益相关者提供的有助于产品服务系统生产或交付的各种专业化的人力技能、知识或技术设备。以上研究表明，制造业服务化对企业绩效的影响受到战略一致性的中介作用，并且还会受到不同调节变量的影响。

（三）数字化转型对制造业服务化的影响

随着数字经济和数字技术的发展，除了环境和组织因素、服务化类型、企业战略等因素会影响企业服务化的实施之外，数字化转型成为一个备受关注的因素。但这类研究还处于兴起阶段，呈现的研究成果还不够丰富。一些研究对制造业通过数字化促进服务化升级进行了理论分析和判断。徐鑫等（2014）研究指出，随着数字信息基础设施投资的增加，制造企业将有效提升企业资源利用的效率和增强其服务能力；何枭吟等（2013）也指出高度创新和渗透的数字技术，有利于推动传统制造业服务化模式创新；陶长琪和周璇（2016）研究发现数字信息化技术与服务化高度持续融合发展，双向耦联协调配合与互相促进，进而有助于制造业深度转型升级。Paritala 等（2017）认为数字信息技术与服务业融合将推动制造业的服务化转型升级；周文辉等（2018）提出数字化转型为制造业技术创新提供了全新的视角和着力点，数字化有助于制造企业完善整个“生产 + 服务”链，有利于创新服务型制造模式和促进企业规模化定制服务的实现。此外，还有研究，特别是一些实证研究指出数字化技术不能过度依赖服务化能力和绩效提升的作用，二者应是一种适中的影响关系。例如，谭清美和陈静（2016）通过实证研究发现数字信息化的发展对企业服务化而言存在风险拐点，也就是数字化并不总是正向作用于服务化能力和企业绩效提升，而是呈“倒U”形曲线走势。刘斌等（2018）也提出，制造业服务化的实现需要顾客的参与配合以及企业对于服务要素投入的注重，可以通过提供多种服务环节来取得竞争优势，差异化难以复制的服务可以促成企业绩效提升。

（四）其他因素对制造业服务化的影响

除了环境和组织因素、服务化类型、企业战略等因素会影响制造业服务化的实施之外，其他一系列因素也会对制造业服务化产生影响。Fang等（2008）认为服务化对绩效的影响程度取决于行业和企业两个层面的因素（服务组合的性质和规模）。企业层面的调节因素包括：服务的相关性、资源的丰富性和企业市场份额，这些因素的服务化程度对企业绩效的调节有积极影响。产业层面的调节因素包括：企业核心产品的行业增长率、动荡性和竞争力，这些因素的服务化程度对企业绩效的调节具有积极影响。肖挺（2014）验证了人力资本投资、信息技术的引入以及良好的客户关系三个因素都与制造企业的服务创新绩效正相关，但这些因素对于企业的服务、产品和流程的创新绩效的影响程度存在显著的差别，此外，不同的研发投入规模、资产结构以及企业技术水平在服务创新的绩效上也存在一定的落差。姜铸和李宁（2015）以制造业服务化为中介变量，研究了制造企业服务创新对企业绩效的影响，服务创新包括：服务概念、服务界面、组织流程创新、技术选择创新。其研究结果显示，服务创新与制造企业服务化程度对企业绩效有显著的正向影响，服务创新对制造业服务化程度有显著的正向影响；同时，制造业服务化程度在服务创新对企业绩效的影响中起到部分中介作用。Raddats等（2015）通过对影响制造企业服务成功的资源进行分析，发现制造企业服务方法和工具的优越、制造企业领导者和服务人员的服务导向与服务成功之间有着积极的正向关系。

从以上研究可以看出，国内外关于制造业服务影响因素的研究已经比较丰富，分别从不同的角度分析制造业服务化的影响因素，服务化的影响因素也伴随着竞争环境的变化而不断发展和变化。对内部因素的研究向服务化广度和深度、服务创新、网络能力、组织柔性发展，对外部因素的研究也开始关注顾客需求，技术变革等，并提出服务相关性对企业绩效的影响，认为企业产生服务化悖论是因为提供了与核心业务不相关的服务，因此，制造企业应发展与核心业务密切相关的服务化战略才更有利于增加企业绩效。

七、本章小结

通过对国内外制造业服务化相关文献的整理可以看出，从 20 世纪 80 年代末开始，国外学者开始对制造业服务化进行理论研究。近 40 年来，国内外学者对制造业服务化的研究理论越来越丰富，对制造业服务化的内涵、驱动力、发展趋势、服务化路径、服务化模式以及影响因素等进行了系统深入的研究。

1. 提出了制造业服务制造化的内涵

制造业服务化的概念源于 20 世纪 80 年代末期的美国，发展至今已形成丰富的内涵。国外学者使用的服务化的英文包括：Servitization、Servicizing 和 Tertiarization，此外，产品服务系统，即 Product - Service Systems（PSS）也是服务化的另一种表达，学者们从不同的角度强调了制造业服务化的内涵，国内学者基本借鉴国外的定义来研究制造业服务化。尽管使用的术语不同，但是总体上来看，制造业服务化的内涵不断发展和完善，主要强调几方面：制造业服务化是一个变化的动态过程、制造业服务化是制造业和制造企业内部功能的变化、制造业服务化是制造与服务的融合、制造业服务化也是服务的投入产出和服务化的价值创造。

2. 强调了制造业服务化的驱动力

制造业服务化是受各种因素驱动的，包括内部和外部的因素，制造业服务化的企业内部驱动因素包括经济利益和战略竞争优势，外部驱动因素包括自然环境和自然资源危机、用户需求变化、企业竞争模式的变化、服务经济的迅速发展和服务与制造产业的融合发展等。这些内外部因素将共同驱动制造业进行服务化升级转型。

3. 指出了制造业服务化的趋势

制造业服务化已成为全球制造业发展的趋势，制造企业通过与客户的不断互动，从提供产品向全面服务的方向迈进，在产业链的各环节创造更高的附加值。第一，制造企业提供服务的比重和服务类型综合程度的提升；第二，制造企业提供服务向综合解决方案转变；第三，制造企业提供的重点向服务功能转变；第四，服务化是从价值链低端向高端升级；第五，服务化成为制造企业高附加值的重要源泉；第六，制造企业服务化强调满足用户需求为导向。

4. 指出了制造业服务化的路径

学者们主要基于制造业服务化的演进“阶段”描述制造业服务化的路径，也强调制造企业应基于企业核心竞争力和优势、自身能力和特点等，逐步实现服务化的进程，一般遵循提供产品—服务附属于产品—产品 + 服务—产品服务融合—服务独立于产品这样的路径。

5. 提出了制造业服务化的模式

学者们在结合制造业服务化的阶段和服务化路径的基础上，进一步描述制造业服务化模式，总体上呈现三种模式：产品延伸服务、产品功能服务或整合性解决方案，制造企业根据自身的优势和特点选择合适的发展模式。

6. 总结了制造业服务化的影响因素

国内外学者分别从不同的角度分析影响制造业服务化的不同因素，包括服务化类型、企业战略、数字化转型及其他因素对服务化的影响。影响因素的研究开始向关注服务创新、网络能力、组织柔性发展，并提出顾客需求、技术变革、数字技术等服务相关性对企业绩效的影响，要深入了解“服务化悖论”问题，必须考虑新环境下影响制造业服务化的关键因素。

尽管制造业服务化的提出已有 40 多年，国外的研究成果较为丰富，但大部分研究都集中在对理论的修正和完善，关于制造业服务化的路径和模式的概念还存在混淆，并且停留在理论层面，缺少现实可操作性。国内制造业服务化的研究起步较晚，对制造业服务化的研究不够深入，大量文献仍是借鉴国外的研究理论，缺少对我国和贵州制造业服务化发展全面系统的研究。将制造业服务化的现有研究理论同数字经济时代的现实背景相结合，探讨在《中国制造 2025》和“互联网 +”的战略推动下，结合组织理论、创新理论、资源依赖理论和价值理论等探讨不同行业和现状的制造业服务化的转型问题，有利于实现制造业服务化研究的现实价值。

第五章

商业模式与商业模式创新概述

国外对商业模式的研究起源较早，Bellman 等（1957）首次提出商业模式，Jones（1960）首次将商业模式作为研究主题。20 世纪 90 年代，商业模式开始受到学术界的广泛关注，自 Timmers（1998）界定商业模式的概念以来，商业模式创新的研究热度持续上升。通过对 CNKI 有关商业模式或商业模式创新的研究进行查询，发现国内 2000 年出现一次有关商业模式研究的高峰，随后有所回落，2006 年有关商业模式创新的研究又开始呈现迅速增长并一直保持着上升趋势。

一、商业模式的内涵

虽然学术界对商业模式关注已久，但不同领域学者从不同的侧重点论述商业模式，因而，目前还没有形成商业模式的统一定义，主要包括经营管理、战略定位和价值创造等视角。

（一）经营管理类的商业模式

经营管理类商业模式的商业逻辑本质强调企业基于自身的经营管理活动，通过满足客户需求，从而获取利润增值。Timmers（1998）将商业模式定义为关于产品、服务和信息流的构架，该定义描述了商业活动的参与者及其角色，以及各参与者的潜在收益和收益来源。

这类观点，一方面，强调商业模式是一种逻辑或关系，认为商业模式是一种经营逻辑（Stewart 等，2000）；认为企业商业逻辑关系是一组活动系统与活动执行单位构成的关系系统（Santo，2009）；是由多种要素构成（Osterwalder 等，2005），包括了物流、资金流、信息流等是企业业务流程和核心活动；企业通过这些流程和活动为顾客提供增值产品或服务获得收益（王晓辉，2007）。

另一方面，强调商业模式是企业通过支持顾客价值主张实现企业的经营收益（Casadesus - Masanell 和 Ricart，2010），不仅能维持企业生存，并且使企业持续获取经营收益。该类定义直接界定商业模式为“成本收益”结构，认为商业模式是企业通过一种经营方式获取收益（Teece，2010），指企业通过创造营业收益维持企业持久生存（Hawkins，2001）；或是强调商业模式是一种解决方案，企业收回投资并获取利润需要通过利用自身资源，满足客户需求，为客户提供产品或服务（雷家骕，2005）。

从以上研究可以看出，经营管理类商业模式强调企业自身具体的经营管理活动之间的逻辑或关系，通过资源配置提供产品或服务，目的是通过获取收益而维持企业生存。该类观点仅停留在企业内部的资源配置，目标是为了维持企业长久生存。这类研究开始得较早，但发展到2010年之后就开始衰退。

（二）战略定位类的商业模式

战略定位类商业模式基于传统的战略管理经典理论，从企业竞争优势、战略资源、战略创新等视角界定商业模式。较多学者从竞争优势的角度强调商业模式。例如，Slywotzky（1996）从竞争优势的角度指出商业模式是企业通过目标客户的选择，选择差异化的产品和服务战略，通过资源获取和市场策略选择，并由此提升企业市场竞争优势；Shafer（2005）也从竞争优势角度强调商业模式是企业通过价值创造和价值获取，并获得企业竞争优势。也有研究学者从战略资源的角度强调商业模式。例如，Hamel（2000）从战略资源的角度指出，商业模式是企业的一种经营模式，通过创新战略性资源、客户界面、价值网络和核心战略四大要素获取竞争优势。还有学者从战略创新角度强调商业模式。例如，Morris 等（2003）指出商业模式是对企业战略定位、运营结构和经济逻辑等内部关联性变量进行创新整合，从而建立竞争优势；罗珉等（2005）指出商业模式是企业通过对自身和其他利益相关者资源和流程的重新有机整合的一种战略创新，从而实现收益增值和价值获取。

从以上研究可以看出，战略定位类商业模式的定义是基于战略管理的经典理论，强调企业从竞争优势、战略资源、战略创新等角度考虑商业逻辑，这一类研究兴起得也较早，但在2005年后开始衰退。

（三）价值创造类的商业模式

价值创造类商业模式强调商业模式的核心是创造价值（Magretta，2002），其本质是基于关键资源和能力的内外部整合，通过价值创造、传递、获取和分配实现企业和顾客的价值增值的系统构思。商业模式作为一种价值创造逻辑，由多种要素关系构成，包含了多样的价值活动，目的是为各种利益相关者提供价值。这一类典型的定义诸如原磊（2007）将商业模式作为“价值创造逻辑”，是为企业客户、股东、渠道商和供应商等创造价值，是对企业战略方向、经营结构和内部业务的综合描述。

Michael（2000）、Boulton（2000）、Wirtz（2010）都注重商业模式的目的是创造价值，认为商业模式的本质是使企业具有创造价值的能力，明确企业如何定位价值链上的位置，并获取利润。此外，Dubos - son 等（2002）、Afuah 等（2004）强调商业模式的价值创造目的。从 Chesbrough（2007）、Johnson 等（2008）关注商业模式的价值活动开始，有关商业模式价值活动的研究就开始丰富起来。商业模式是连接企业与顾客，让顾客参与企业的产品生产和价值创造过程中，使顾客与企业能够共同创造和分享价值（罗珉和李亮宇，2015）。Chesbrough（2007）认为企业的商业模式的作用是价值创造和价值获取；同样，Johnson 等（2008）认为商业模式是由不同的为企业创造价值的相互关联的要素构成，这些要素包括客户价值主张、关键资源、关键流程和盈利模式四要素。这一类观点认为商业模式就是由客户价值主张、价值创造和价值获取等活动连接的架构（魏江等，2012；Velu，2015），是以价值网络为结构基础，解决价值主张、价值创造和价值获取过程的架构。

价值创造类商业模式强调顾客和企业共同创造价值，价值创造是以价值活动为基础，通过对价值活动的重新定位和整合，并通过价值创造、传递、获取和分配，实现企业和顾客价值增值，甚至所有的利益相关方都实现价值增值。因此，相比于经营管理和战略定位类商业模式，价值创造类商业模式的内涵更为完善和成熟，对商业模式理论的发展也更具有贡献意义，相关研究从2000年开始发展至今一直是学术界关注的焦点。

整体来看，商业模式的相关研究发展至今呈现了经营管理、战略定位和价值创造三种视角。首先，从研究时间来看，经营管理和战略定位类商业模式的研究较早，价值创造类商业模式的研究从2000年才开始；其次，从研究数量来看，尽管三类商业模式观点的研究成果都不少，但价值创造和经营管理类商业模式的研究相对更多，而战略定位类商业模式的研究相对少一些；最后，从研究发展趋势来看，学术研究者们越来越认可价值创造类商业模式的观点，自2005年以后，战略定位类商业模式的研究就开始逐渐减少，而自2010年以后，经营管理类商业模式的研究也开始明显减少。由此可以看出，随着实践和理论研究的发展，更多研究普遍认可商业模式是“企业价值创造逻辑”的本质（李鸿磊和黄速建，2017），跨越企业边界的资源整合，一切利益相关者整体优势的发挥，更有利于创造比以往更多、更高的价值。商业模式作为价值创造逻辑，是对企业经济逻辑、运营结构等的描述，通过内外部资源整合利用为企业创造价值（Bocken，2014）。本书将基于数字化时代的背景，结合魏江等（2012）、Velu（2015）等的研究，界定商业模式的架构由相互关联的多个核心要素构成，以价值生态系统为结构基础，解决价值主张、价值创造和价值获取过程。

二、商业模式价值创造的理论基础

从国内外相关文献看，价值创造类的商业模式成为近年来研究关注的焦点，价值创造类的商业模式描述了企业如何创造和传递价值的逻辑，包括价值创造和传递的收益、成本和利润结构（Teece，2010）。商业模式的本质在于如何创造和获取价值（Zott等，2011），强调企业如何通过关键资源和能力识别，来产生价值的过程（Guo 等，2013）。而关注商业模式价值创造研究主要基于价值链、价值网络和组织生态系统理论。

(一) 基于价值链理论的商业模式研究

价值链理论认为企业价值链由企业基本活动和辅助活动共同构成（波特，1985），生产、销售、采购和后期服务等业务环节是企业的基本活动，而技术、人力资源、财务等则是企业的辅助活动。产业价值链则具有比企业价值链更大的范围，由企业、渠道、供应商和买方价值链共同构成。基于波特的价值链理论，一些研究开始对传统的企业价值链进行解构和重组（Timmers，1998）。在价值链理论的基础上，商业模式被作为改善企业价值链的一种战略管理工具（Linder 和 Cantrell，2000），而调整企业原有的价值链就是一种新的商业模式（Magretta，2002）。因此，商业模式被看作既是企业自身结构，也是企业与产业价值链中其他合作伙伴形成的关系网络（Dubosson 等，2002）。企业通过一种新的商业模式，重新确定其在产业价值链中所处的位置，重新定义在产业价值链中扮演的角色，重新选择产业价值链中的合作伙伴，从而更好地满足客户的需求，使企业获得更高盈利（Rappa，2004）。

(二) 基于价值网络理论的商业模式研究

随着市场竞争的加剧、互联网技术的发展与应用，顾客的需求也变得也越来越多样化和个性化，在价值链理论的基础上，价值网络的概念被提出来（Slywotzky，1997）。Slywotzky（1997）认为企业应当从价值网络的视角进行经营决策。价值网络是以价值链思想为基础，但比价值链涉及的范围更大更广泛，是指所有利益相关者相互作用和相互影响而形成的网络结构关系，涉及价值生产、价值分配、价值转移和价值使用一系列活动流程。企业为了创造价值，需要通过商业模式变革重新确定企业在价值网络中的位置，以便持续获得竞争优势（Schweizer，2005）。因此，价值网络理论突破了价值链上的线性结构和顺序，围绕最优化客户价值和整体价值的原则，对传统价值链上的各环节进行重构，使各环节之间动态连接和互动。在价值网络理论下，商业模式关注的焦点是如何与价值网络中的参与者进行合作，从而对自身价值链进行整合（Rasmussen，2007），企业商业模式的设计是针对当前的竞争环境，在价值网络中与竞争者、客户、供应商和其他能力互补的合作伙伴进行动态互动，并从中创造价值收益（Leitao 等，2013）。

（三）基于组织生态系统理论的商业模式研究

随着互联网技术的发展，开放式商业模式受到青睐并迅速发展，商业模式价值创造的理论也开始向组织生态系统转变。Beattie 和 Smith（2013）认为价值不再由企业所独创，价值是企业与外部合作伙伴通过各种合作方式共同创造；随着组织结构的观点从封闭向开放的转变，开放的商业模式观点也开始强调价值创造应突破企业传统的边界，让更多的参与者参与到价值创造中（Coombes 和 Nicholson，2013）。价值的创造、传递和获取不再是仅仅依赖企业自身的关键资源和能力，而是更多地依赖组织生态系统结构中其他利益相关者的支撑。组织生态系统奠定了商业模式朝着生态系统方向发展的理论基础，强调社会情境的影响，认为一切参与者都能够创造价值，社群、平台等商业模式开始出现并成为实践和理论研究的焦点。

可以看出，价值链和价值网络是早期研究商业模式创造价值的理论基础，基于价值链理论的商业模式注重对价值链各环节深度挖掘的研究，强调的是组织内部流程优化，价值网络视角下的商业模式更注重对企业业务流程横向延伸的研究，拓展了价值创造主体。随着组织生态系统视角的商业模式出现，则强调突破企业边界的跨界和资源整合，关注所有的利益相关者共同创造价值。

三、商业模式核心要素的研究

商业模式核心要素是分析商业模式的基础。商业模式的核心要素还没有完全统一的界定，但学术界普遍强调多维度的商业模式核心要素，包括三维度、四维度和五维度等。通过梳理近年来国内权威期刊的相关研究，发现国内学者对商业模式核心构成要素的界定非常广泛（见表5-1）。

表5-1 商业模式的构成要素

作者	期刊	出版年	商业模式构成要素
罗峰	管理世界	2014	价值主张、价值生产、价值提交、价值回收、价值维护
云乐鑫、杨俊、张玉利	管理学报	2014	价值主张、资源整合、利益分配
吴瑶、葛殊	科学学与科学技术管理	2014	目标市场、竞争战略、价值主张、价值链、价值网络、收益机制
刘伟、黄紫微、丁志慧	科学学与科学技术管理	2014	客户价值主张、盈利模式、关键资源、关键流程
程愚、孙建国	中国工业经济	2013	价值成果、资源和能力、决策
李文莲、夏健明	中国工业经济	2013	客户细分、价值主张、客户关系、核心资源、关键业务、重要合作、渠道通路、收入来源和成本结构
魏炜、朱武祥、林桂平	管理世界	2012	交易主体、交易内容、交易方式、交易定价
李红、吕本富、申爱华	管理评论	2012	用户、市场、企业运营资源、盈利模式
魏江、刘洋、应瑛	科研管理	2012	价值主张、价值创造、价值获取、价值网、战略抉择
荆浩、贾建锋	科学学与科学技术管理	2011	客户、价值主张、价值网络、创收逻辑

续表

作者	期刊	出版年	商业模式构成要素
王鑫鑫、王宗军、涂静	情报杂志	2010	企业价值主张、产品与服务、目标客户、资源配置、伙伴网络、渠道、收入模式
张敬伟、王迎军	外国经济与管理	2010	经营系统、盈利模式、价值主张
原磊	外国经济与管理	2007	目标顾客、价值内容、网络形态、业务定位、伙伴关系、隔绝机制、收入模式、成本管理

资料来源：根据相关文献整理。

从相关文献可以发现，有关商业模式的核心要素存在三要素、四要素或五要素。商业模式的三个核心要素包括价值主张、价值创造和传递、价值获取（Bocken，2014；项国鹏和罗兴武，2015）。也有学者指出商业模式包括价值主张、价值网络、价值维护和价值实现四要素的设计（原磊，2007），或是价值创造、获取、传递和实现四要素（余鸿，2017），还有价值主张、价值生产、价值提交、价值回收和价值维护五要素（罗峰，2014）。以上这些学者的主张，无论提出商业模式包含几个核心要素，但无外乎都有诸多共性之处，多个核心要素得到了共同的认可。

除了以上核心要素之外，也有学者强调商业模式的核心要素还包括战略选择。例如，商业模式的核心逻辑由战略选择、价值网络、价值创造和价值获取四个要素构成（罗珉等，2005）；魏江等（2012）的研究也强调了商业模式的核心要素是战略抉择，同时也包括了更多被提及的价值主张、价值创造、价值获取和价值网络。此外，还有学者指出商业模式核心要素为客户价值主张、盈利模式、关键资源和关键流程四方面（Johnson等，2008），这里所指的盈利模式类似于价值实现，关键资源和关键流程则更接近于价值创造的过程。

从以上研究可知，更多研究从价值创造视角关注商业模式的核心构成要素，价值主张是被提及最多的商业模式构成要素，此外，价值创造、价值传递和价值获取也是重要的要素。企业通过创造价值而满足客户的价值主张，并最终获取价值，因此，客户价值主张是实现价值创造和价值获取的前提和基础，也是商业模式创新的源头。而企业基于价值链或价值网络等结构满足客户的价值主张，实现价值创造和价值获取。那么，组织生态系统视角下的商业模式则是基于价值生态系统而实现价值主张、价值创造和价值实现创新与变革。

四、商业模式创新

（一）商业模式创新的内涵

学术界普遍强调商业模式多维度的核心要素，商业模式创新是对商业模式核心要素及其商业运作关系的重新界定（Velu，2015），创新性由新旧商业模式的变化来体现（Spieth 和 Schneider，2016）。目前，有关商业模式创新的研究主要关注商业模式创新要素、创新动力、创新路径等。

（二）商业模式创新源于核心要素驱动

很多研究强调多维度的核心要素构成商业模式，这些研究认为商业模式创新可以通过其核心要素的变化来描述，即价值网络创新、价值主张创新、价值创造创新和价值实现创新（Clauss，2017）。创新性由新旧商业模式的变化来体现（Spieth 和 Schneider，2016），商业模式的创新过程实际上包含了对商业模式核心构成要素的重新认识，也是对企业所涉及的传统业务关系的重新界定（Magretta，2002；Velu，2015）。商业模式创新是指组织通过价值创造、价值传递和价值获取等一系列活动和组织架构的变革，从而实现更高的价值（Zott，2011）。商业模式创新也可定义为企业通过提出新的价值主张，创新价值创造系统，通过新的价值捕获机制来重构现有的商业活动（陈道志等，2016）。综合诸多学者的研究，可以将商业模式创新界定为通过商业模式核心要素及其商业运作关系的重新界定，实现价值网络、价值主张、价值创造和价值获取的创新。

目前，有关商业模式创新的研究主要关注商业模式创新要素、创新动力、创新路径等。部分研究认为商业模式是在一定驱动力下实现创新，这些研究认为关于商业模式创新的驱动因素主要有：技术创新（Habtay 和 Holmén，2014；Velu，2015）、市场需求变化（Habtay 和 Holmén，2014；Zalewska－Kurek，2016）、行业竞争压力（Velu 和 Jacob，2016；Bashir 和 Verma，2017）、企业资源和能力（Casadesus － Masanell 和 Zhu，2013）等。商业模式创新是通过这些外部和内部要素的创新驱动，并相互作用的结果。

（三）商业模式创新会呈现多样化的路径

不同研究视角关注商业模式创新呈现不同的创新路径。第一，基于价值链的商业模式创新路径（Pijpers，2012；Spieth 和 Schneider，2016），认为通过价值链的分解、整合等方式进行商业模式创新。第二，基于价值网络的商业模式创新路径（Verhoeven 和 Johnson，2017），认为商业模式创新是企业重新确定其在价值网络中的位置，进而持续获取竞争优势源泉。第三，基于生态系统视角的商业模式创新路径，认为商业生态系统中涵盖了生产者、供应商、消费者等利益相关者，他们受不同利益驱动，但又相互依存、资源共享共生，这打破了企业商业模式创新的边界。可以看出，商业模式创新路径的视角依价值链—价值网络—商业生态系统演进，呈现出从封闭向开放、内部向外部转变的趋势。学者们基于商业模式的核心要素关注商业模式创新，由此提出商业模式创新的演化路径，例如，张璐等（2018）基于“价值获取—价值传递—价值创造”的理论逻辑，强调商业模式由“市场需求型”—“技术创新型”—“共享开放型”商业模式的方向创新演化。大数据环境下，价值创造、传递和获取所依赖的资源和能力，不仅源于企业内部自身所拥有，还依赖于生态系统中其他利益相关者的资源和能力，通过对社会资源的整合实现商业模式创新（Coombes 和 Nicholson，2013）。

(四) 数据赋能驱动创新，并推动商业运作关系重构

企业的成功取决于创新的思维和商业模式，大数据和大数据技术作为一种新的资源和能力，极大地改变了商业游戏规则（Brown 等，2011），数据成为核心资产并深刻影响企业商业模式和组织重构（McAfee 和 Brynjolfsson，2012），企业应及时调整发展战略和创新管理模式（凌捷，2015）。数据赋能有助于驱动商业模式创新：一是大数据资源和技术在企业生产运营中的应用刺激了传统商业模式核心构成要素的创新，例如，杨蕙馨和张金艳（2019）指出通过颠覆性技术促进商业模式创新，进而创造企业价值优势。二是基于大数据的行业外扩张衍生，呈现以连接、融合、跨界为特征的平台式商业模式和数据驱动跨界模式（李文莲和夏健明，2013）。大数据将是商业模式创新的重要切入点，易加斌和徐迪（2018）将大数据作为企业进行商业模式创新的重要切入点，通过对商业模式构成的价值主张、价值创造与传递模式、价值获取的影响而创新商业模式。大数据资源和大数据技术驱动下的商业模式创新，是企业通过新的资源和技术重新认识顾客的价值主张，创新资源的运用方式和生产流程，重新设计顾客价值主张，重新构造企业结构和整个价值网络，并推动商业运作关系的重构。

从以上研究可看出，商业模式作为价值创造逻辑，通过内外部资源的整合利用为企业创造价值（Bocken，2014）。商业模式创新是对核心要素及商业运作关系的重新界定。商业模式创新从封闭式向开放式转变，注重外部资源的整合，利用社会资源实现商业模式创新。数据赋能商业模式核心要素变革和相互作用机制促进商业运作关系重构，数据赋能成为实现商业模式创新的关键。

五、本章小结

总体来看，目前有关商业模式的研究有经营管理、战略定位和价值创

造三个视角，随着实践和理论研究的发展，学术界较普遍认可将商业模式作为“企业价值的创造逻辑”（李鸿磊和黄速建，2017）。相关研究越来越重视开放式的商业模式，强调跨边界资源整合和企业能力的溢出，强调在开放的生态系统中的每一个利益相关者都能够发挥各自的优势资源和能力，通过对资源和能力的整合创造出更多价值。从价值创造视角研究商业模式的主要理论有价值链理论、价值网络理论和组织生态系统理论等。较多研究从价值创造视角强调商业模式强调价值主张、价值创造和价值获取等是商业模式的核心构成要素，Velu（2015）界定商业模式是相互关联的核心要素构成的架构，以价值网络为结构基础，解决价值主张、价值创造和价值获取过程。商业模式创新则是对核心要素及其运作关系的创新，是组织对价值创造、价值传递和获取的一系列活动和组织结构的创新，从而获取更高的价值（Zott，2011）。商业模式创新源于核心要素的驱动，从不同理论视角和核心要素，呈现出了多种演化路径。数字经济环境下，大数据将驱动商业模式核心要素创新，并推动商业运作关系的重构，呈现出以连接、融合和跨界为特征的平台商业模式和数据驱动跨界模式。

第六章

制造企业服务创新概述

一、服务创新的内涵

（一）服务创新的概念

激烈的市场竞争和个性化的顾客需求，对传统制造企业的生存和发展带来了巨大的压力和挑战。为了能够生存并维持持续的竞争力，企业不得不持续地向客户提供创新或改进的服务（Snyder 等，2016）。近年来，有关服务创新的研究文献大幅增加，营销、运营、战略等领域的研究都强调服务创新的重要性（Lusch 等，2015）。对制造企业而言，服务创新是制造企业以顾客满意为目标，围绕产品整个生命周期，运用产品或服务背后潜藏的各种技术、知识等，围绕变化的服务内容或顾客互动关系而进行的创新活动（Wise 和 Baumgartner，1999）。简单而言，服务创新也是企业及其所构建的服务生态系统为顾客提供能够创造顾客价值的新服务体验或新服务解决方案（刘飞等，2014）。

随着开放式服务创新观点的提出，学术界对服务创新本质和过程的看法也已经由“内向角度”转向“外向角度”，开放式服务创新的观点成为一种共识。

（二）服务创新绩效的概念

服务创新是制造企业保持竞争优势和高质量发展的源泉，增强服务创新绩效对制造企业而言尤为重要。

一般认为，制造企业进行服务创新将有助于为企业带来诸多绩效，包括：获得额外收入、提高差异化水平、构筑竞争壁垒、锁定顾客、增强顾客使用相关产品/服务的意愿、提升顾客满意度和忠诚度等。服务创新绩效是衡量服务创新成功与否的关键变量（简兆权和刘念，2019）。从资源视角来看，服务创新绩效是企业有效重组多元资源、创造新资源进而开展服务创新的结果（Gallouj 和 Weinstein，1997）；从服务体验视角来看，服务创新绩效是制造企业通过提供一种新的服务体验或者服务解决方案而产生的绩效（Den Hertog 等，2010）。从竞争力的视角来看，服务创新绩效是制造企业开展服务创新而提升竞争优势的程度（刘如月和杨蕙馨，2020）。虽然不同视角的服务创新绩效研究并未给出统一的定义，但究其本质都是强调企业有效实现服务创新而带来的企业绩效改善。

二、有关服务创新绩效的测量维度

（一）多维度测量服务创新

较多研究从多维度测量服务创新绩效。Voss 等（1992）从较为广泛的视角将服务创新绩效分为过程绩效和结果绩效，过程绩效强调服务创新过程，衡量指标涉及标准成本、有效性和速度，结果绩效强调服务创新结果，包括财务绩效、竞争力和服务品质。在此基础上，杨艳玲和田宇（2015）根据服务创新改善对象的不同，也将服务创新绩效划分为过程绩效和结果绩效。这一类有关服务创新的测量较为全面地体现了创新过程和结果。

Agarwal 等（2009）提出测度服务创新绩效的维度包括 ESO 战略、绩效和服务效率三维度，ESO 战略涉及新服务产品、新客户交界面、新运营结构、新服务交付流程/现有服务产品的新属性，ESO 绩效涉及服务增加带来的企业绩效，ESO 服务效率涉及企业服务创新战略下，通过服务流程等的改善提升的生产服务效率。

魏江等（2008）、蔺雷等（2005）从战略的角度将服务创新界定为服务概念创新与服务传递创新。服务概念创新是指企业在生产和服务理念上的变革，反映了企业的服务概念和服务产品等；服务传递创新是指服务生产和传递的流程和/或与顾客交互方式的变革（魏江等，2008），能够反映出企业的服务效率，如顾客等待时间缩短、服务交付周转时间缩短等。

Avlonitis 等（2001）用收益状况和利润增长率等测量服务创新的财务绩效，同时将吸引新用户、提升企业形象等归纳为非财务绩效的测量，较为全面地测量了服务创新绩效。而后，刘如月和杨蕙馨（2020）、冯文娜和刘如月（2021）也将制造企业的服务创新绩效分为财务绩效和非财务绩效。

Storey 和 Kelly（2001）从服务创新的驱动因素出发，认为服务创新绩效包含财务绩效、顾客绩效和内部绩效。简兆权等（2014）的研究对服务创新绩效也采用了同样的分类。简兆权和刘念（2019）从战略、服务竞争力和财务绩效综合衡量服务创新绩效。彭本红和仲钊强（2021）借鉴张峰和刘侠（2014）的量表，从财务绩效（市场绩效）、创新动态、创新氛围三个方面衡量开放式服务创新绩效。

（二）单一维度测量服务创新

一些研究从单一维度测量服务创新绩效。例如，Zhang 和 Li（2010）直接从竞争力的角度来衡量创新绩效。周文辉等（2018）强调企业通过创新行动提升竞争力后创造财务收益的创新绩效。熊正德等（2020）、杨艳玲和田宇（2020）对制造企业的服务创新绩效的测量参考了 Hsueh 等（2010）和简兆权等（2014）开发的服务创新绩效的测量量表，相关题项如“公司的资产回报有所提高”共计 6 个题项。王鹏程等（2021）对制造企业服务创新绩效的测量则涉及客户、服务收入、行业影响、成本控制方面，共 4 个题项。

可以看出，有关服务创新绩效维度的划分有单一维度和多维度。比较而言，多维度的分类方式能够更全面地反映服务创新绩效，较多学者将服务创新绩效分为财务绩效和非财务绩效。对数字化转型的制造业企业而言，其服务创新绩效更适合采用多维度测量。服务创新有利于提高制造生产率和效率，拓展盈利空间（Abou－foul 等，2020），因而，财务绩效是服务创新绩效的重要体现。此外，创新动态、创新氛围、企业形象提升等非财务绩效也是服务创新绩效的重要体现。

三、制造企业服务创新绩效的驱动因素

尽管较多研究都指出服务创新可以给制造企业带来诸多好处。然而在实践中，较多服务型制造企业未能从它们的服务活动中获得有竞争力的回报率（Neely，2008），不少制造企业在服务创新过程中甚至出现了“服务悖论”现象（张睿君等，2020；肖挺，2019）。因此，制造企业进行服务创新可能会面临诸多挑战和困难，如何提升制造企业服务创新绩效成为理论界和实践界关注的焦点（王鹏程等，2021）。鉴于此，找到促使制造企业服务创新成功的关键要素十分必要。

制造企业将重心转移到一个全新的业务时，不可避免地会面临许多挑战和阻碍（Baines 等，2017），与传统制造企业商业模式运营的效率和标准化相比，发展新服务需要开发不同的方法、流程和资源能力（Baines 等，2017）。制造企业服务创新跨越了传统制造部门的边界，不仅是制造部门与服务部门的融合，更是面向服务的系列创新，表现为提供全新服务、服务捆绑构架创新、升级现有服务以及服务流程与组织过程创新等（Toivonen 和 Tuominen，2009）。服务业务的加入使得制造企业的业务更加复杂，对组织的资源和能力也提出了更高的要求，与传统制造企业的运营方式相比较，制造企业发展新服务需要不同于以往的技术、方法、流程和资源等。传统的资源和能力不足以有效应对激烈的市场竞争以及服务创新的需求。为此，许多学者从多个角度提出了诸多影响制造企业服务创新绩效的因素。

（一）组织管理视角下的服务创新绩效影响因素

从组织管理的角度强调影响服务创新绩效的因素，包括：员工参与和管理者支持、顾客参与、用户整合（刘如月和杨蕙馨，2020）、互动导向（杨艳玲和田宇，2020；冯文娜和刘月如，2021）、治理机制（彭本红和仲钊强，2021）等。

（二）组织开放视角下的服务创新绩效影响因素

从跨越组织边界的开放视角提出影响服务创新绩效的因素，诸如：网络嵌入（彭本红和仲钊强，2021）、网络位置（熊正德等，2020）、跨界搜索（熊正德等，2020）、网络化协作等。

（三）组织能力视角下的服务创新绩效影响因素

从组织能力的角度指出影响服务创新绩效的重要因素，包括：组织敏捷性（王鹏程等，2021；刘念等，2021）、战略柔性（冯文娜和刘月如，2021）、吸收能力（熊正德等，2021；杨艳玲和田宇，2020）、信息技术能力、大数据分析能力（刘念等，2021；王鹏程等，2021）等。同时，也有学者分析了行业增速、组织规模、年龄、行业类型、所在经济区域等企业显性特征也对企业服务创新绩效具有动态的影响。

四、数字化转型与制造企业服务创新

近年来，以数字化转型与制造企业服务创新的研究成果日益增多。有些研究聚焦于数字化转型的概念阐释和理论探索，例如，祝合良和王春娟

(2021)从内涵与外延、主要特点、动力体系、产业链改造四个方面阐述产业数字化转型的理论体系；刘洋等（2020）关注数字化转型在创新管理领域的变革，总结了数字创新管理的特性、数字创新概念的内涵和外延；许宪春和张美慧（2020）关注了以云计算、大数据、人工智能、移动互联网等技术驱动的数字化转型。随着先进的数字技术更加广泛应用到组织的生产经营活动中，对企业的经营和竞争、组织能力、经营绩效等都产生了颠覆性影响（Vial，2019）。越来越多的研究开始关注数字化转型对企业经营绩效、创新绩效和服务化等的影响。通过对相关文献的梳理发现，一些文献集中探讨数字化转型对企业经营绩效（Usai 等，2021；刘淑春等，2021；吴非等，2021）、创新绩效（余菲菲等，2021；傅颖等，2021；陈岩等，2020）和服务化转型（赵宸宇，2021；张远和李焕杰，2022）等方面的作用。此外，还有一些研究认为数字化转型能够有效提升企业的技术创新和价值创造能力风险抵御能力（Vial，2019；陈剑等，2020；刘洋等，2020；单宇等，2021），还关注数字化转型对组织变革（池仁勇等，2020）、企业运营、业务流程（Tobias 等，2020）和国际化程度（王墨林等，2021）的影响。

对制造企业而言，制造企业在数字化转型中大量应用物联网、工业互联网、机器对机器通信、人工智能和机器视觉等技术，改造了传统的业务流程。一些研究证明数字化转型能够促进制造企业的成长（倪克金和刘修岩，2021）。企业数字化转型通常会引发新产品、新服务和新商业模式（Nambisan 等，2017），服务创新作为企业经营管理和创新管理中的一种具体表现，也很可能会受到数字化转型的影响。因而，数字化转型视角研究制造企业服务创新也是一大主流。但从制造企业数字化转型对服务创新绩效作用的研究成果来看，更多研究停留在单案例研究的方法探析传统企业数字化对创新的影响。制造企业数字化转型是否会对其服务创新带来显著影响，还需要进一步验证，进一步分析制造企业数字化转型对服务创新的影响不仅有助于丰富和深化数字化转型对企业绩效带来的结果，而且对企业制定服务创新战略决策也有重要实践意义。

五、数据赋能与制造企业服务创新

尽管学术界付出了诸多努力，制造企业服务创新仍被认为是一个理论上的新生领域（Abou - foul 等，2020），需要更多关于如何成功推动制造企业服务创新的经验证据（Morgan 等，2019）。

数字经济和实体经济融合是当前我国实现制造业强国的战略部署（戚聿东等，2021），国务院国资委 2020 年发布《关于加快推进国有企业数字化转型工作的通知》，强调开展数字化战略变革促进国有企业数字化、网络化、智能化发展。企业数字化转型已势在必行，制造企业则是实行数字化变革的主力军，数字化转型为制造企业服务创新提供了新的思路，受到了企业管理实践界高度关注。

数字经济时代，制造企业服务创新也是中国制造企业提高收入和竞争力、向价值链高端转型升级的关键途径（王鹏程等，2021）。数字技术的发展为制造企业快速获取、分析、处理信息以预测市场需求及竞争者动态提供了机会，也为制造企业的服务创新提供了新思路。IBM、陕鼓、海尔等企业通过数字化转型，成为制造企业服务创新的典型代表（王凤彬等，2019）。在数字经济时代下，数字化转型成为众多传统企业战胜困难和实现创新的必然选择，也是影响制造企业服务创新绩效的重要因素。

企业资源和能力差异影响企业的创新绩效（陈庆江等，2021）。只有将资源和能力因素纳入数字化转型下的服务创新绩效分析框架，才能对数字化转型对企业服务创新绩效的影响及其生成机理做出全面完整的理解。服务创新活动可以看作组织内部能力培养以及外部资源获取相结合的过程（王鹏程等，2021）。在数字化转型过程中，通过资源获取和能力提升将更有助于提升服务创新绩效。开放式创新的观点认为企业可以最大限度地利用内外部人才及创意，而不仅仅是单纯依靠内部研发（Chesbrough，2003）。开放式服务创新强调企业应形成一条开放性创新价值链，提高现有资金利用率，从而更好地提供各种资源（周键等，2018）。开放式服务创新是有认知的服务、管理、创新动态过程，使其流进与流出组织界限并通过一定途径使这些外部资源与企业商业运营模式保持一致。服务业提供的产品是无形的，即使是大企业也必须跨越边界，通过获取外部资源进行服务创新。综上，本书认为，开放式服务创新是指平台企业跨越组织界限、整合内部运营模式与外部信息资源，从服务视角对企业由里到外、由外及内进行管理的创新（彭本红和仲钊强，2021）。

六、本章小结

数字化转型成为众多传统企业战胜困难和实现创新的必然选择，也是影响制造企业服务创新绩效的重要因素。然而，关于数字化转型能否以及如何提升制造企业服务创新绩效的研究还相当缺乏。因此，本书将注意力转向数字化转型，认为制造企业服务创新成功的关键之一在于通过数字化转型消除服务创新的障碍。有关服务创新绩效影响因素的研究表明，外部资源获取和企业的动态能力对制造企业服务创新绩效的实现非常关键，可以从开放和动态的角度探讨数字化转型影响制造企业服务创新绩效的作用机制和边界条件。因此，本书认为，可以引入组织韧性和网络嵌入作为资源获取和能力提升的关键，在此基础上探究数字化转型对服务创新绩效的作用。

第七章

数字化赋能制造企业服务化转型路径和模式

一、引言

当前，全球经济呈现出从“工业经济”向“服务经济”转变的大趋势。无论是纯服务型企业还是制造型企业，都越来越依赖服务业务的开展来构建可持续的竞争优势。就如一些世界顶级制造企业 IBM、GE、富士施乐、深圳华为、三一重工等纷纷通过业务转型和服务模式创新来实现竞争优势重塑。可见，制造企业向以服务提供为主导的战略转型已成为当今传统制造业摆脱竞争困境，重塑竞争优势的重要途径。然而，传统制造企业究竟可以通过何种途径，或者可以采取哪些具体模式以助力传统制造企业成功步入服务化转型之路？数字经济和数字技术的发展，为制造企业服务化转型的成功实施带来了机遇和不同以往的思维模式。但从过往研究文献来看，有关数据如何赋能制造企业服务化相关问题的探讨鲜有涉及，并且系统性不足。本章通过借鉴世界经济成功实践经验，以及大量研究文献的梳理与回顾发现，数字化赋能传统制造企业实现服务化战略转型大致可以遵循两条基本路径：一条是面向终端消费者，通过数字化赋能发展以产品为基础的服务化转型，主要是依托有形产品为基础拓展面向数字化服务的制造；另一条是面向生产性企业，发展以数字化生产流程为基础的服务化战略转型，主要是拓展面向数字化制造的服务。制造企业通过数字化赋能，主要呈现了六种数字服务化模式：面向产品延伸的数字服务化模式、面向以产品为载体的数字服务化模式、面向集成解决方案的数字服务化模式、面向制造业价值链活动支持的数字服务化模式、面向制造业上下游延伸的数字服务化模式，以及面向制造业系统集成的数字服务化模式。

二、数字化赋能制造企业服务化转型的路径选择

（一）路径1：拓展面向数字化服务的制造

面向数字化服务的制造主要是指制造企业依托数字化资源和技术，将企业的核心产品向服务环节进行延伸和扩展，目的是通过数字化的个性服务提供创造差异化竞争优势，以实现产品增值。也就是说，数据资源和技术是制造企业实现数字化服务的技术支撑，制造企业的核心产品是数字化服务提供的基本主体，数字化的个性服务提供是制造有形产品差异化竞争优势和实现核心产品增值的重要来源。从面向数字化服务的制造内涵上看，面向数字化服务的制造重在强调制造企业在产品销售或产品使用过程中，通过数字化资源和技术将更多的专业个性服务融入产品销售或使用环节当中，为产品销售或产品使用的差异化竞争优势创造条件，从而使得制造企业的生产结构逐步趋向柔性化的过程。

从微观的企业层面来看，数字化的个性服务提供是传统制造企业获取差异化竞争优势的战略工具，是制造企业用来培育或提升自身整体竞争优势的一种服务增强战略。回溯以往大量成功实践经验，传统制造企业可在相对低端层次业务领域，通过专业性较强的数字化售后服务提供以实现对市场范围的拓展，以及在综合生产经营活动领域，通过数字技术对低附加值的生产制造环节实施剥离，追求研发、营销等高端服务的价值创新，进而实现服务化战略转型。譬如施乐从复印机制造向提供文档服务的转变，IBM 从简单的硬件制造向提供信息服务的转变，都依托于数字技术。

从宏观的产业层面来看，制造与服务的融合与互动发展，实质上是通过技术增值服务提供增强微观特征的一种宏观表现。具体来说，制造业面向数字化服务发展，增加了市场服务的有效需求和供给，导致产业结构软

化；随着制造业生产和制造环节的分离与整合，生产性服务环节也在由制造企业内部向外部市场发展，制造业与生产性服务业的分工也在由产业间分工向产品内分工深化。因此，区域市场中生产、制造和服务业专业分工的发展和集聚，促进了规模效应的实现，从而降低了制造成本和交易成本。事实上，制造业面向服务发展，其生产系统必然重构成不同的需求模块，分散在不同的企业之间，使企业通过重构商业模式以建立网络关系，进而使单个模块、单个企业的专业化又朝着多元化方向发展，从而形成范围经济效应。

（二）路径2：发展面向数字化制造的服务

面向数字化制造的服务是指传统生产性服务企业通过生产业务流程的数字化，以外包或自主经营的方式扩展自身的制造体系，将企业实物产品所蕴含的且相对独立的知识、技术等服务要素与制造资源进行匹配和整合，为客户提供更好的生产性服务，从而实现价值增值，增强企业竞争力。研究表明，生产性服务企业的业务流程数字化对企业自身来说，至少有两大利好。一是可以通过业务流程数字化减少或消除制造企业过度纵向一体化带来管理上的规模不经济；二是可以通过业务流程数字化提升企业的创新能力和灵活性。同时，企业在管理中的不经济问题的减少和避免，可以有效降低企业的管理成本，为企业低成本竞争优势的建立创造条件。

研究发现，生产性服务企业通过数字技术对外部网络的延伸和渗透，可以为企业提供全程的技术和服务支持，对提高制造企业的灵活性和创新能力具有深远意义。这是因为生产性服务企业可以通过数字化技术，选择结构性地嵌入到制造业价值链的支持性活动当中，也可以关系性地嵌入到制造业价值链的基本活动当中。研究认为，结构性嵌入到相关的制造服务网络，可为生产型服务企业的整个生产制造过程中的辅助生产经营活动提供或开发相关专业性技术支持。而网络中的专业性技术服务提供企业则通过提高自身的专业化水平，提高目标企业或企业集团的资源配置效率，从而获取专业化经济。而关系性嵌入相关的制造服务网络，是基于目标企业或企业集团的市场规模，为提高目标企业或企业集团的价值创造活动及其规模经济的连续性和协调性，对所有制造业进行价值创造活动。整体而言，两种不同类型的嵌入，可以使生产性服务企业各自嵌入制造业价值链，提高了制造业的配置效率和运营效率，从而增强了制造业的竞争力，实现了产业结构的转型升级。与之同时，制造企业的数字化业务流程升级又将增强对生产性服务的有效需求，以进一步刺激生产性服务企业向专业化方向发展，使得生产性服务的种类愈加丰富，从而促进生产性服务企业升级。可见，通过数字化技术嵌入相关的制造服务网络，可以提升服务的人力资本和知识资本向制造转移的效率，进一步促进了制造企业服务化升级，最终形成良性循环。总体来说，面向数字化制造的服务是生产性服务企业与制造企业在走向融合过程中起着积极主导作用的一条重要路径。

三、数字化赋能制造企业服务化战略模式选择

（一）数字化赋能面向服务制造的服务化战略模式

1. 代工生产厂商数字服务化模式：面向产品延伸的数字服务

代工生产，也称为定牌生产，俗称“贴牌”，其生产作业行为的基本特征是：技术在外，资本在外，市场在外，只有生产在内。从代工生产厂商作业行为的基本特征我们不难判断，有形产品的生产、制造、组装，以及关键零部件的加工是代工生产厂商的基本强项。即技术性加工、制造、组装等价值环节是代工厂商的竞争优势。由此可见，对于缺乏品牌运营能力的代工生产厂商来说，其竞争优势的来源不是建立在新产品的研发设计和品牌运营上，而是建立在有形产品生产过程的有效管控、精密制造、加工、组装，以及以有形产品生产为核心等技术强相关的延伸性产品的拓展上。一般来说，以企业关键核心能力为基础的新产品扩展或者新业务的延

展对企业成长更具有重要意义。因此，作为代工生产厂商，由于常年制造经验、知识的积累与专注，其在生产、制造、加工等相关作业环节具有相当的竞争优势。由此可见，代工生产厂商借助数字化技术，如能依托生产、制造、加工等相关具有强竞争优势的生产环节为基础进行产业价值链改造或将能提升企业竞争力。

回溯依靠低成本优势成长起来的我国传统制造产业，由于技术、制度和产业生态环境等原因被长期锁定在产业链的中、低端环节，其经济模式主要是以代工生产最为常见。如身处经济发展前沿阵地的珠三角一带，大部分制造企业具有明显的代工生产特征，贴牌生产、制造、加工是大部分制造企业的主要生产作业行为。这些代工企业的代工产品多为附加值较低的劳动密集型产品。其典型特征是缺少高精尖的知识、技术含量。同时，缺乏自主研发能力与品牌运行能力是这些代工企业的致命弱点。因此，主要以代工生产为主的制造企业在国际产业分工中只能获得微小利润，却承担着很高的经济风险。由此可见，培植新的竞争能力，实施新的产业结构转型升级，提振主要以代工生产为主要业务的制造企业的竞争力，是这些传统制造产业当下面临的重要挑战。即如何使以生产、制造、加工为主要活动内容的制造产业实现新的产业结构转型，重塑新的竞争优势。资源决定企业成长方向理论观认为企业多元化经营的发展程度与企业掌握的资源量有关，成功率与原有专长领域相关，企业进入领域的数目和行业的跨度要受到企业资源及原有独有专长的约束。由此可判断，作为以生产、制造、加工为主要作业内容的传统制造产业来说，其实现新的产业结构转型升级，建构新的竞争优势，其转型升级的成功必然地将依托于原有的技术专长，即以生产、制造、加工等相关环节为载体的扩展性活动。

根据前文所述，代工生产厂商专长于生产、制造、加工，弱于产品研发设计与品牌运营。因此，代工企业的创新活动将可能在很大程度上受到代工生产行为本身的“俘获”和“锁定”，即技术路径依赖。而研究发现，代工生产型企业在生产加工、制造、组装，以及产品功能实现的基本运行原理掌握等方面具有竞争优势。因此，这种以生产制造为主要核心活动的代工生产类型企业发展面向产品延伸的数字服务化战略无疑将具有竞争优势。如基于顾客产品使用过程的个性化服务需求，发展以有形产品为载体的专业化数字增值服务提供为主导的产品服务系统可作为重制造的传统制造企业摆脱竞争困境的可行路径。因此，代工生产型企业可以借助数字化技术，依据自身对生产、制造、加工等核心制造环节的竞争优势，紧随顾客个性化服务需求的变化，在为顾客提供功能丰富、质量可靠、价格合理的产品的同时，为顾客提供相应的产品运行过程中的技术性增值服务，以求全面满足顾客需要，为顾客创造效用，从而有效实现企业新的竞争能力建构。具体来说，以产品为中心的数字化服务系统可以包括产品的使用培训、产品运行过程中的问题解决方案、设备检修检测、设备改造、设备操作技能培训、工程安装与调试、维护与保养等需要的专门知识、定期的产品的专业化服务，以及产品全生命周期管理等方面的增值服务。

2. 自主品牌厂商数字服务化模式：面向产品为载体的数字服务

自主品牌厂商，也称原始品牌制造商，即指企业凭借自己的技术实力，逐步形成自己的独立品牌，并运用该品牌在顾客心智模式中所塑造的强大资本参与市场竞争的模式。其中，自主知识产权是形成产业核心竞争力的关键。从自主品牌厂商具有的竞争优势来看，其生产作业行为的基本特征主要表现为：自主品牌厂商能自主进行产品研发，并以自有品牌方式出货，企业具有完整的产品生产与设计能力，同时还具备丰富的品牌运营经验和自主创新能力。因此，对于不具有制造优势而擅长品牌运作、产品研发的自主品牌厂商来说，制造流程不是其核心竞争力，其优势领域在于产品研发、设计和产品的营销与服务，即通常所说的“哑铃”型企业。这类企业可以把生产制造环节外包出去，通过专注于产品的研发、设计、营销、品牌管理等核心能力发展面向以产品为载体的服务化战略，倚重产业价值链上游的产品研发、设计和下游的营销、服务优势拓展生产性增值服务提供，从而实现从传统型制造企业向制造与服务元素相融合的，且以增值服务提供为主导的现代服务化制造企业转型，进而形成专业化的服务公司，为中间生产企业提供专业的生产性服务业务。

对自主品牌厂商而言，由自主知识产权形成产业核心竞争力的自主品牌厂商可以借助品牌的市场竞争力，运用品牌在消费者心中所塑造的信念、良好信誉、价值观、服务理念等信息，或者是利用品牌的市场权威和口碑，在激烈的市场竞争中对产业链实施上下游延伸，达到企业服务化战略转型的目的。具体来说，具有自主品牌的厂商发展数字服务化战略，可以借助数字化技术，提供包括设备租赁、各类服务平台、产品回收、设计研发、管理咨询、产品设计等专业化的生产性服务业务。像著名休闲运动服饰企业耐克和科技企业小米就是品牌运作的典范，它们已经不属于真正意义上的制造型企业。因为它们自始至终没有属于自己的工厂，但它们通过掌握产业链上游的研发、设计和下游的品牌管理和销售等经济附加价值较高的两端把经济附加价值最低的制造加工环节完全外包的运作模式，这是自主品牌厂商制造业企业实现服务化战略成功转型的一个典型范式。因此，对于在微笑曲线两端的产品设计、研发和市场营销、售后服务等环节有优势，而在生产制造环节则不具备明显的优势的自主品牌的厂商，可以依托自身产业的竞争优势，即自身的技术实力、品牌运行经验发展面向以产品为载体的服务化战略。即发展专业从事产品的研发设计、品牌营销服务的提供，向着专业化的生产性服务供给公司转变。

3. 全面制造厂商数字服务化模式：面向集成解决方案的数字服务

全面制造厂商，又称“全流程生产制造企业”。其经营活动主要涉及从产品研发、生产制造到营销服务的各个价值环节，构成了一个完整的价值链体系。其主要作业行为特征是：通过价值活动的扩展和延伸来降低交易成本，以达到提高范围经济性的目的。因此，对于这类多元化的、涉足多个价值领域的大型集团企业而言，其经营活动往往涉及价值链的各个环节，这类企业在每个生产作业环节、每个作业流程都有较强的竞争力。从全面制造厂商在各个生产作业环节具有的竞争优势来看，这类企业可以通过数字化技术，增强自身各个生产作业环节的生产性服务供给能力，为顾客提供集产品与服务于一体的系统集成解决方案，即发展面向客户个性化需求的集成解决方案的数字服务化战略，从而实现企业的服务化战略转型。由于全面制造厂商能力、资源涉及生产链的每一个价值环节，因而对于这类各生产价值环节具有竞争优势的全面制造厂商来说，通过发展面向系统集成解决方案的服务化战略具有很强的竞争优势。

系统集成服务化模式的实施不仅需要制造企业具备各生产环节的技术、能力和资源，而且需要具备以母子公司体制为基础的纵向服务产业链。而全面制造厂商则恰恰具备上述优势，并且这类企业的突出优势就是能够集成企业内部和外部的服务资源，形成一体化经营下的服务集约化，具有较高的服务效率和规模经济性，延伸了子公司的服务市场和服务能力，降低了服务产品的开发成本和外部交易成本，提高了服务的范围经济性和行业市场的整合效应。这种模式与制造商自营服务的区别在于，制造商自营服务主要专注于服务的某一环节，而集成解决方案服务模式服务的领域更广、业务范围更大。因此，根据这种服务化战略对企业能力或资源的需求，通常更适用于全面制造厂商。因为此类服务包括定制化的产品设计、成套解决方案咨询、项目实施与管理、金融服务、员工培训，以及在产品使用过程中和使用之后所需要的各种维护、维修、保养和技术性处置服务等。根据系统集成解决方案服务提供的基本特征，这种服务能力的提供往往只有在各生产环节具备竞争优势的全面制造厂商才具备。因为从经济实践中的生产性制造企业对生产过程中问题的需求来看，其对生产过程中问题解决的需求，不仅局限于某一个价值环节的特定问题的解决和需求，而且更多地关注整个生产价值流程的优化和提升，即整个生产流程优化的系统集成解决方案具有强烈的需求动机。而系统集成解决方案服务提供的主要优势恰恰体现在：服务提供商通过整合能力、优化能力和基于核心产品的效率提升方案的提供，对客户在价值链整合、价值创造或者效率提升方面的需求能够作出恰当性的响应。这方面的典型案例尤以长沙远大中央空调为客户提供的集成解决方案服务系统最为典型。远大在为用户安装中央空调设备时，公司首先根据用户的建筑设计图纸，为客户提供从系统设计、选型优化、主机设备、周边配套产品到安装调试、贯穿中央空调产品整个生命周期的一条龙服务，用户只需最后验收拿钥匙即可。通过全系统服务，远大利用自身拥有的空调技术和相关知识，保证空调的节能效果，帮助客户选择合格的供应商，以节省采购费用，协助客户更换保温的墙体材料以提升节能效果；同时，还协助客户监控人群流动及分布情况，以便合理调配冷热供给，指导、培训员工以更好地适应“空调与自然和谐共处”的工作环境，更好地满足客户的需求，为客户提供个性化的集成服务解决方案。

（二）数字化赋能面向制造服务的服务化战略模式

1. 渗透嵌入数字制造服务化模式：企业价值链活动支持的服务化战略

渗透嵌入的方式主要有两种基本形式：结构性嵌入和关系性嵌入。

结构性嵌入主要强调服务提供商的专业技术水平。其旨在通过专业化的技术服务能力或者通过培养自身的专业化技术服务能力为生产制造企业提供专业化的生产性技术服务支持。如管理咨询、人力资源服务、财务服务、研发服务等专业性的技术服务活动，这些服务活动并不直接参与企业的价值创造活动，主要依靠自身专业化的知识、技能，帮助生产性制造企业提高人力资本水平、提高专业化水平，从而改善生产性制造企业资源配置的效率，最终实现企业产出增加。因此，对于具有专业技术能力优势的，且准备实施产业转型的传统制造产业，可以通过发展面向生产性制造业价值链活动支持的服务化战略，即发展支持制造业价值链活动的生产性服务，结构性地嵌入到制造业价值链中，以提升企业的获利能力，以实现传统制造企业经济收益模式的强势转型。一般来说，结构性嵌入制造业价值链的生产性服务相比传统制造业的类似职能有着更高的、更强的专业化技术水平，在嵌入制造业支持活动的价值链后，通过向制造业输入更多的智力支持，最终达到提高企业的资源配置效率。如产品前期的研发设计、产品使用过程中的定期检修和维护、金融和法律保险等专业化的技术服务支持。在价值生产网络化的今天，几乎没有任何企业能够独立完成某种产品服务系统的全部生产流程，而是由众多企业聚集形成的服务型制造。分工协作、优势互补、相互提供生产性服务，结构性地嵌入彼此的价值增值网络，实现企业能力提升和快速反应。关系性嵌入主要强调组织的社会关系网络对组织绩效的影响作用。从过往研究发现来看，组织价值链效率不仅受生产性服务企业专业化经济水平的影响，还受到其所嵌入其中的社会关系网络的影响。组织生产经营活动连续性和协调性的保持，生产性服务必须关系性地嵌入到制造企业的价值链中，如物流服务、制造维修服务、客户关系管理、销售代理服务等。关系性嵌入能够使得合作企业间不断低成本、高效地交换那些至关重要的、无法通过市场机制获得的信息和知识。当组织之间存在嵌入关系时，由于信息交流更顺畅，企业内外部价值链能够更好地融合，这种匹配将超出市场交换关系中价格体系所起到的作用。因此，生产性服务业中的产品研发服务、物流配送服务、维修服务、营销与品牌运作服务、售后服务等关系性嵌入制造的服务可以分别对应地向制造业价值链基本活动中的产品研发、物流配送、生产运作、销售、售后服务等环节进行渗透；而生产性服务业中的会计服务、法律服务、采购服务、人力资源服务等结构性嵌入制造的服务则分别可以对应地渗透到制造业价值链的支持活动的各个环节。最终实现企业价值的提升与改善。

2. 延伸交叉嵌入数字制造服务化模式：企业价值链上下游延伸的服务化战略

延伸交叉嵌入模式主要是指制造企业可同时往产业链上下游移动。其旨在突出制造企业向投入服务化和产出服务化两个方向齐头并进。也就是说，在企业实施服务化战略转型的过程中，一方面可以加大生产性服务的投入，另一方面可以加大业务产出的服务。这种服务化模式的典型代表如美国 GE 和我国华为等，都是遵循此服务化模式实现了由技术产品型企业向服务型企业的转变。美国 GE 通过服务化战略转型已经发展成集商务融资、消费者金融、医疗、工业、基础设施和美国全国广播公司环球（NBC）于一体的多元科技、媒体和金融服务公司。当前，美国 GE 拥有两个制造业产业部门，分别为技术基础设施、能源基础设施；同时还拥有两个服务业产业部门，分别为金融、NBC 环球。为了提升企业竞争力，实现公司产业经济收入模式转型，美国 GE 每年都投入巨额资金进行相关技术的研发以支持部门的发展，公司技术服务对象既包括自己的产品用户，也涵盖其他企业甚至竞争对手的产品用户。在制造业产业部门中，美国 GE 奉行提供给顾客成套解决方案的服务，既包括前期的咨询和研发设计、中期的生产制造，也包括后期的技术升级、专业化维护与保养。通过产业链上下游服务化，一方面迎合了用户的需求，增强了公司的竞争力；另一方面有力地推动了公司产业结构转型升级，实现了“微笑曲线”产业链的上下游服务化融合。再如致力于打造全球领先的信息与通信解决方案供应商的华为。在华为的员工中，技术研究及其开发人员占46%，市场营销和服务人员占33%，管理及其他人员占9%，其余的12%才是生产人员。近30年来，华为一直保持这样人员结构比例，人力资源配置呈现“研发设计和市场服务两边高”的“哑铃型”，由此创造了华为奇迹。这种通过发展面向制造业产业链上下游延伸的服务化战略模式属于制造业服务化战略转型的高级阶段路径。一般来说，这种服务化模式对制造产业结构转型升级较为彻底，所以带来的企业战略、组织结构、企业新核心能力打造、企业新运营模式等诸多方面的变革是颠覆性的，相伴的风险也相应较高。因此，这种倾向于产业上下游延伸的服务化模式适合于竞争力较强的大型制造业企业。通过上述典型服务化战略转型成功案例发现，能够遵照延伸交叉嵌入的服务化战略转型的企业，目前大多都已经成为相当成功的企业，有的甚至已经是拥有世界级竞争力的知名企业。

3. 重组嵌入数字制造服务化模式：制造系统集成的服务化战略

根据生产性服务和制造业价值链具有协同演进关系的研究观点，生产性服务可以结构性地嵌入到制造业价值链的支持性活动当中，也可以关系性地嵌入到制造业价值链的基本活动当中。结构性嵌入制造的服务主要是通过提升自身专业化技术水平的手段对生产性制造业生产制造过程中的生产辅助活动予以支持。而关系性嵌入制造的服务主要是通过提高制造业企业各价值创造活动的协调性和连续性，提升企业的规模经济水平和生产效率，从而实现价值增值。关系性嵌入制造的服务是面向全部制造业的价值创造活动，以目标企业或企业群体的市场规模为依托，通过提升目标企业或企业群体的价值创造活动的连续性和协调性，提高其规模经济程度的过程。两种服务各自嵌入制造业价值链，提升了制造业的配置效率和运营效率，从而使制造业的竞争力得以提升，实现产业结构升级。但是由于组织经济活动运行环境的动态性，生产性服务的嵌入将因为顾客组织价值链的各经济活动运行环境的变化而发生一定程度的分解，从而将演变成与过往不同的或者新型的价值链。因此，重组嵌入制造的增值服务提供的衍生将成为一种可能。重组嵌入制造的服务化模式突出表现为服务提供商在为制造业提供生产性服务时，将根据顾客企业价值链活动对支持性服务需求的特点、产业特性，以及市场竞争状况，对关系性嵌入制造的服务和结构性制造的服务与制造产业价值链之间施以环境性的调整，或者施以价值重新整合，以集中起原生产性服务业和制造业的核心能力，重构成新型的价值链以满足顾客企业服务需求的服务化模式。这种根据产业特性、市场竞争状况，以及顾客服务需求特点等因素对关系性嵌入制造的服务和结构性嵌入制造的服务进行重组嵌入的制造服务化模式，其重在凸显以发展面向顾客提供集成解决方案或系统集成的产品服务系统为重要竞争手段。因此，重组嵌入的制造服务化模式，即通过发展面向制造业系统集成的服务化战略对于深陷制造困境当中的传统制造产业实现产业结构转型升级具有重要意义。根据原产业核心价值环节的产业特性、市场竞争情况、生产性组织的服务需求特征等对生产性服务业中的结构性嵌入制造的服务和关系性嵌入制造的服务施以重组，发展能够满足生产性组织需要的服务化战略帮助在传统产业链中缺乏竞争优势的传统制造产业实现产业结构转型升级，提升企业市场竞争力是重要转型路径之一。

四、数字化赋能制造企业服务化战略转型策略

（一）借力数字资源和技术，促进企业文化由“重制造”向“重服务”转型

产业数字化转型已经成为新发展格局下的必然选择（祝合良和王春娟，2021），制造产业欲实现服务化战略成功转型，须借助数字化资源和技术，促进制造产业文化由“重制造”向“重服务”方向转变。这是因为纯产品制造与基于增值服务提供为主导的生产活动在组织文化上存在明显

差异。相关研究指出，纯产品制造的组织文化更多的是从组织有形产品角度出发，通常比较关注有形产品质量、功能多寡以及产品的美学视觉感官等。而以基于增值服务提供为主导的商业模式，更多的是从顾客个性化需求满足角度来影响顾客的业务关系。可以判断，不同的商业模式、支持组织集体行动的共同认知和理解框架存在明显差异。这种差异的产生主要是因本组织内部普遍接受的行为规则或认知的一致性所致。这是由于不同的商业模式，有着不同的组织规则体系。同时，也正是这些组织规则体系使得组织成员获得秩序或一致性。研究发现，组织成员的行为一旦被重复或被自己和他人赋予相似的含义，这就说明组织文化在其中起作用了。正如Geertz 指出的，组织文化究其本质而言，是一种符号学概念。它对身处该文化中的员工行为、心智模式具有极强的塑造作用。如帮助组织确定与它有关的员工、顾客、供应商以及竞争者是谁，为组织如何与这些个体或组织进行交往提供指导。因此，一个组织的商业模式一旦发生变化，就会在相当长的一段时间内造成组织文化的不适应。根据组织理论家斯科特的观点，组织文化不仅包括个体的心智框架，还包括共同的符号系统和共同的意义解释。它由一组共享的文化属性组成，如价值观、信仰、规范、假设和在同一组织中工作的一群人共享的属性。这些共享的价值体系或文化信仰虽外在于特定的个体，但运行在个体的内心，为组织中的个体提供“思维软件”。它在塑造员工的心智框架和行为方面具有强大作用。同时，亦能对员工可能受到的外部干扰与侵袭起到保护作用。因而，组织文化对组织行为的塑造有积极影响的一面，也有消极影响的一面，它可能正面或负面影响战略性项目的实施。由此可见，支持组织服务化战略的成功转型需要对组织思维模式的转变予以恰当管理。即从单纯的产品制造文化向产品服务系统文化的转变。显然，这种转变要求组织从根本上改变各业务部门或职能部门的传统办事方式和思维方式。而事实上，这种转变并非易事，将遭遇前所未有的阻力和挑战。其中，组织文化传承是阻碍制造企业服务化战略成功转型的重要影响变量。一般来说，组织内部拥有的制造文化越强，其服务化战略转型的难度越大。这主要是因为两种组织模式营销理念的根本性差异所致。例如，嵌入在产品中的制造文化将阻止组织向服务导向转变。实践中的典型例子如员工对顾客的需求反应迟钝，对顾客的需求缺乏正确理解等。同样，从文化传承对组织的影响来看，选择一种新的商业模式必然会对组织先前的运作模式、心理模式或行为结构构成挑战或威胁。因为组织文化遗产也会在很长一段时间内不同程度地影响组织的思想和员工的思想。因此，制造企业服务化转型的过程就是一个组织文化转型的过程。为什么许多制造业企业服务化转型没有达到预期的效益，其中制造业服务文化建设与组织结构调整之间的差距可能是其中主要影响因素之一。

（二）制定以顾客为导向的数字化服务战略

从历史发展规律来看，能够从顾客的角度全面设计或开发新产品或产品服务体系的组织往往是这场竞争游戏的赢家。同样，如果能够从顾客的角度设计或开发产品或产品服务系统，往往是赢得这场竞争游戏的关键。而一个组织能否从顾客的角度全面设计或开发新产品或产品服务系统，也是生产系统网络中任何一个社会责任组织所面临的巨大挑战。实践表明，不能充分或适当地解释或理解顾客需求，曲解或不能正确地理解顾客需求，都是功能性组织走向失败的重要原因之一。因此，能否立足于顾客视角从事价值创造或者价值交付对组织绩效将产生重大影响。制造业服务化转型战略，强调有形产品与增值服务提供的有机结合。它旨在为顾客构建系统化的问题解决方案，并针对顾客的情境性业务需求作出精确响应。研究发现，制造业组织针对顾客特定业务需求的产品服务系统，在内容及属性方面与传统制造企业所提供的产品存在明显不同。其中，最关键的一点就是“服务”元素的融入加剧了制造业企业社会责任履行的难度。研究认为这是由于组织很难把握异质性和无形性服务的程度以及如何恰当地满足客户的期望。因此，这将给融“有形产品和服务”于一体的集成提供物的设计带来极大挑战。同样，也为制造企业执行或实施服务化战略制造难题。致力于制造业服务化战略研究的学者发现，这个难题的形成与人的参与存在强相关性。因为每个参与者对问题的定义、理解和解释不同，最终导致参与者对组织提供物的心理框架存在差异。研究表明，这种差异的形成，与参与者周围环境资源的丰富性和可利用性之间存在强相关关系。因为周围的环境给了参与者足够或有限的学习资源。因此，资源的性质、种类和丰富程度必然会影响参与者对问题的理解和解释。此外，顾客的异质性，如信念、遗传特征、个人经验和文化遗产，也将为组织提供物要素的构成提供基本信息。但组织对顾客这些异质性特征的把握、翻译和转化能力，必然会影响其产品—服务的一体化设计。特别是在具有服务特性的产品设计中，顾客需求描述往往比较模糊，难以准确定义，这无疑增加了组织正确设计顾客提供物的难度。正如新制度主义者诺斯所指出的，“由于在人类社会交往过程中，每个人对他人行为信息的掌握都是不完全的，所以在社会选择中，每个人在处理、组织和使用信息时都存在一定的心智能力局限性，而人的这种心智能力与识别环境时的不确定性相结合，将使组织难以设计产品。相反，有着鲜明和强烈的个性化倾向，且能够用恰当的词语准确表达的需求，往往为组织提供物的精准设计创造了条件”。一般来说，人们的信念、行为和动机，由于其具有不确定性，为组织设计适当的提供物制造了不可逾越的障碍。尽管非人际交流技术的涌现，在一定程度上弥补了组织设计一致性提供物存在的不足，为组织找到了一种可供替代的合适方式。然而，特征趋向一致的提供物并不能为顾客创造独特的体验和个性化的满意，这可能为竞争优势的构建和差异化战略的实施创造不利条件。因此，如何根据人际交往的基本属性为客户设计集成提供物，是制造企业服务化战略成功转型的重要途径。

（三）依托数字化技术，建构外部服务战略联盟

由于企业提供物形式的变化所带来的复杂性，企业如何构建一个系统观为客户提供集成提供物是制造业服务化成功转型所面临的挑战之一。研究表明，高度复杂的产品服务系统的生产过程并不是单个企业或独立部门能够实现的行为，而是需要系统中网络组织相互配合、相互关照，以及彼此间优势资源的支持。也就是说，全面的服务系统需要不同知识、技术和

技能的网络成员的介入和支持。以往研究发现，基于产品的服务成功交付在很大程度上受到网络中具有不同技能和知识的角色成员的支持和参与的影响。例如，服务生产者、零售商、软件制造商、生产者服务提供者、用户等。这些网络成员都是支持提供或交付产品或服务的社会技术能力的基本载体。因此，组织应该建立一个系统为客户交付集成提供物。正如部分学者指出，一个特定的产品服务系统的生产或提供，实际上是系统网络参与者的优势资源和技术参与的结果。它暗含了诸多扮演各社会技术能力角色的参与。因为企业为客户提供功能全面、质量可靠、价格合理的产品服务体系，这给企业的生产方式，以及目前组织的资源或能力带来了前所未有的新挑战。在网络环境下，几乎没有一个企业或一个企业的独立部门能够完成一个产品服务系统的整个生产过程，而是由众多企业或部门聚集在一起形成一个服务制造网络。因此，分工协作、优势互补、资源整合、能力提升和快速反应是为客户创造价值的重要途径。产品服务系统的产生可以依托数字化技术，通过网络中各种角色的角色扮演或技术组合来实现。正如学者 Callon 研究指出：当今经济是一种技术经济网络结构，并且是不可逆转的。单个组织都是深深地嵌入在技术网络中，与网络中的参与者或各种角色扮演者相互作用，交换资源，建立耦合或相互依赖的关系。特别是在价值体系分散化的市场经济中，资源交换是组织生存和发展的重要战略选择。因为一个组织很难拥有自身发展的全部资源，所以必须跨越组织边界，获取与组织生存和发展相关的知识、技术和技能，并通过补充资源的交换来维持组织的生存。因此，一个组织要想行使其社会责任能力，就需要网络参与者的技术干预或支持。因为网络中的每一个参与者，或者由于历史原因，或者由于特定的发展路径，能够聚集其他参与者不具备的资源禀赋优势。因此，价值体系分散在网络中的不同参与者之间，即每个参与者都有自己特定的知识或技能。系统网络中单个组织的维护和生存，可以依靠自身的资源优势，与其他寻求资源的组织进行资源交换，从而获得自身的生存和发展。这种网络合作可以使网络企业成员的交易成本远远低于市场成本，产生的协同效应远高于所有单个个体之和。但是，对于以服务提供为主导的制造企业来说，要想为客户提供满意的集成化提供物，就需要各个核心节点上下游合作伙伴的密切联系、沟通与合作。因此，对服务化制造企业实施管理协调提出了严峻的挑战。因为价值创造或交付的上下游伙伴企业毕竟是不同的经济利益主体，每个利益主体都有自己的利益目标。正是这些利益的异质性，必然导致冲突和矛盾。因此，服务化制造企业要想成功实现价值交付，就需要依托数字化技术，构建一个着眼于价值创造系统的外部服务战略联盟，以保证顾客价值的创造。因为组织提供物的变化和复杂性，需要网络中的企业有序地合作、共享和依赖。

第八章

数据赋能制造企业商业模式创新路径

激烈的竞争环境下，制造业转型已经成为一个必然趋势。在制造业转型的大背景下，各国都提出了制造业转型的战略。贵州在制造业转型的大背景和工业强省的战略指引下，顺应数字经济环境下制造业发展新趋势不断地进行转型升级。商业模式创新是制造企业转型升级和高质量发展顺利实现的关键，而在商业模式创新的实现过程中，企业可以从哪些方面着手？通过什么路径实现？这都是制造企业进行商业模式创新必须面临的问题。此外，制造企业之间还存在较大的差异，不同能力和条件的企业，进行商业模式创新的路径不完全相同，因此，必须根据制造企业的不同特点，选择不同的创新发展路径。

数据科学技术为传统制造业的转型升级带来了机遇（张明超等，2021），大数据与实体经济融合，已经成为引领和推动贵州制造业转型升级的重要力量。数据赋能于各行各业，创新了企业转型升级的方向和视角，也对制造业实现高质量发展起到了非常关键的作用。制造企业通过数据赋能能够更有效地解决数字化转型中遇到的难点和痛点，更有助于制造企业应对各种不确定性（池毛毛等，2020）。数据赋能是大数据环境下实现资源整合和资源赋能的核心，能够有效促进商业模式创新（周文辉等，2018）。对我国制造业而言，数据赋能制造业商业模式创新将是我国制造业升级发展的关键，有助于推动我国制造经济高质量发展。因此，探寻数据赋能制造企业商业模式创新背后的机理和发展路径具有重要意义。本章基于我国制造企业商业模式创新的必要性，结合我国数字经济和工业发展战略的规划方向，从数据赋能的视角，探讨我国制造企业商业模式创新框架和路径，以期为贵州制造业的转型升级提供参考。

一、数据赋能和商业模式创新的理论基础

（一）数据赋能

赋能被认为是未来组织最重要的职能之一（郝金磊等，2018），在数

字经济环境下，赋能的概念进一步拓展，数据赋能成为赋能的一种新体现。孙新波和苏钟海（2018）将数据赋能定义为创新数据使用场景以及数据使用方法和技能，进而实现数据价值的持续化过程。孙新波等（2020）基于整体观的角度强调数据赋能是通过能力的提升实现数据价值。这意味着，数据赋能是一个系统化的协同过程，工具是数据资源和数据技术，数据赋能的主体和对象是整体系统，数据赋能的过程是通过能力提升或获取实现价值创造。本章参考以上定义，界定数据赋能是基于整体系统创新数据运用场景和创新数据运用技能，进而提升整体能力，最终实现数据价值增值的协同化过程。

赋能主要体现为资源的整合过程，社会资源的有效整合是实现赋能的关键（Leong 等，2016），资源赋能强调组织对资源的获取和控制（Ling 等，2015）。数据被看作一种资源要素，因而数据赋能实则是资源赋能的一种。数据资源和技术在商业模式创新中，实现了多个组织之间资源的共享和创新运用。因此，一些规模居于中等或者较小一些的制造企业可以通过数据赋能，与其他合作企业资源共享，从而解决自身资源有限的痛点。数据赋能通过大数据为相关作用主体赋予能量（Carmen 等，2015），相关作用主体通过数据能力挖掘、分析和利用数据资源，创造过去不能实现的价值目标（Gupta 和 George，2016）。有关数据赋能的研究普遍认为赋能是通过各种技术、技能和方法对主体进行提升，进而实现资源整合和组织目标。从能力来看，数据赋能分为连接能力、智能能力和分析能力三个维度（Lenka 等，2017；周文辉等，2018）。连接能力指的是通过互联网、物联网和无线通信网络等连接数字化产品的能力；智能能力主要是指通过人工智能等技术实现智能化感知用户行为、动态分配资源和灵活分级服务等的能力；分析能力是指对网络或智能化产品和服务中的海量数据进行数字化分析处理，并形成有价值信息的能力。

数字经济环境下，要实现资源整合和资源赋能，核心在于数据赋能，数据赋能也为传统制造业的商业模式创新提供了较好的切入点。学者们从数据赋能视角关注传统企业的变革创新，强调数据赋能对传统产业转型升级具有非常重要的意义。数据赋能如何作用于制造业商业模式创新将是一个值得深入分析的主题。

（二）商业模式创新

创新是实现企业持续的利润增值和保持持久竞争优势的关键。在数字经济时代，商业模式创新是制造企业顺应时代发展的必然选择。本书结合魏江等（2012）、Velu（2015）等的研究，界定商业模式是指相互关联的多个核心要素构成的架构，以价值网络为结构基础，解决价值主张、价值创造和价值获取过程。有关商业模式及其核心要素的研究非常丰富，包括商业模式三要素、四要素、六要素和八要素等。尽管诸多研究对商业模式核心要素强调的个数不一，但很多要素之间都类似或者可相互替代。在诸多商业模式要素中，被提及和研究最多的是价值网络、价值主张、价值创造和价值获取等要素（令狐克睿和张丹，2018），关注商业模式的这几大要素才能把握商业模式的核心内涵。价值网络是结构基础，解决价值主张、价值创造和价值获取过程；价值主张是企业能够为消费者和其他社会经济参与者带来价值的要素形态组合；价值创造是企业对内外部资源有效整合和服务交换的互动过程；价值获取表现为价值创造主体让渡价值的实现。

在数字经济时代，如何结合数字经济的特点，将数据赋能到制造企业的商业模式创新中，从而助力制造业升级发展十分重要。

二、数据赋能下的商业模式要素

数据赋能下的商业模式创新不是一个简单的问题，而是一个复杂的系统化过程。根据数据赋能和商业模式创新理论，数据赋能制造业商业模式创新是基于商业模式的核心要素，通过数据赋能，重新定义价值网络、价值主张、价值创造和价值获取等要素，创新实现价值增值目标。在数字经济时代，组织结构已从传统的封闭式组织向开放的组织生态系统转变，强调动态性、无边界和广泛连接性。那么，结合数字经济背景下的组织特点和数据赋能内涵，数据赋能商业模式创新就是在开放的组织生态系统结构中，通过数据技术、技能和方法赋能实现价值主张、价值创造和价值获取创新的过程（见图8-1）。

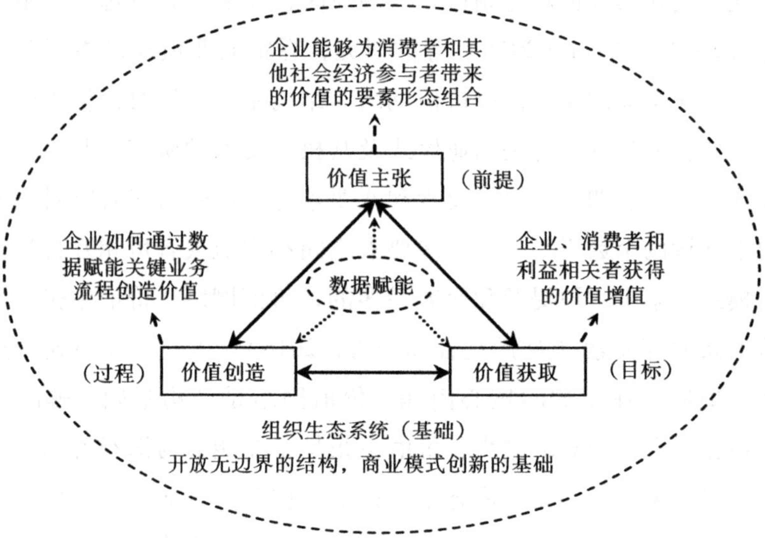

图8-1　数据赋能下的商业模式要素创新

（一）数据赋能下的价值网络

价值网络创新是对组织结构的变革，也是进行商业模式创新的基础。传统的制造企业一般采取的是封闭的组织结构，是以制造企业为中心的传统科层结构，典型特点是封闭和中心化，顾客被看作产品和服务的消费者，企业和顾客的关系遵循商品主导逻辑下的传统买卖关系，买方和卖方具有不同的角色。开放式创新的观点强调无边界、开放的组织生态系统，数据技术为这种开放式的组织结构提供了实现可能。制造企业通过开放的生态系统，实现价值主张、价值创造和价值获取创新。在开放的组织生态系统中，买方和卖方的关系发生了变化，他们都成为价值的共同创造者。

数据驱动的组织生态创新不再局限于产业链的纵向一体化整合，而是以中枢企业为核心的纵向和横向空间相互链接的多元创新要素的整合（Sara 等，2019；Ranjit 等，2019）。数据赋能下的组织生态系统是由广泛的利益相关者构成的生态圈，是一个无边界、动态、去中心化的生态系统结构。在这个组织生态系统中，每一个参与者都能够形成广泛的连接，这些参与者在一起通过资源交换和互动，实现价值共创。

（二）数据赋能下的价值主张

商业模式的核心构成要素是价值主张，这也是价值创造和价值获取实现的前提。价值主张考虑企业通过整合和提供具有特性的产品或服务来发掘价值，从而满足目标市场的价值诉求。对制造业而言，价值主张就是制造企业通过其产品和服务能为消费者和一切社会经济参与者带来的价值要素形态组合。在数字经济下，消费者越来越注重自身独特的核心需求，社会需求变得越来越多样化和个性化，企业一定要把握“用户思维”，从客户角度出发，将客户需求摆在首位，更多地为客户创造出有价值的东西。从数据赋能的视角来看，企业需要考虑其生态圈中众多的利益相关者，使企业、顾客和社会经济参与者的价值诉求达到和谐统一。

数据如何能够促进企业价值理念的变革，赋能企业更好地进行战略决策，通过优势的数字化技术和价值理念满足顾客和其他社会经济参与者的个性化价值诉求至关重要。制造企业通过其独特的产品和服务理念，满足顾客和其他社会经济参与者的需求；顾客价值诉求的实现强调顾客对制造企业产品和服务的满意，其他社会经济参与者的价值诉求表现为社会对制造企业产品和服务的满意。

（三）数据赋能下的价值创造

价值创造是企业对自身内部资源和社会外部资源进行有效整合和服务交换的互动过程。价值创造是实现价值获取的前提，是实现价值增值的核心关键过程，也是企业形成持久的竞争优势的根本。从商业模式上来看，价值创造是一个系统化的持续创新过程，需要充分挖掘商业模式运作各环节的潜在价值，对其进行整合与重构，从而实现价值创造和传递。

数据赋能下，企业如何实现价值创造？首先要考虑的是如何能够有效地实现资源整合，因此，创新的价值创造方式重点在于对实现价值增值的关键业务流程活动的整合，包括对价值创造起到关键作用的研究开发、生产制造和营销服务等业务活动的有效整合。此外，数据赋能下的生产、产品和服务等也将因智能化技术的应用而创新。

（四）数据赋能下的价值获取

价值获取是企业实现最终价值增值的结果，是进行价值主张变革和进行价值创造的目的所在，也是企业经营和竞争的目的。制造企业如何实现价值获取，简单来说，企业就要提供满足消费者和社会需求的产品和服务，使企业、顾客和其他利益相关者都获得价值。

数字经济环境下的价值获取，表现为顾客、其他利益相关者和企业让渡价值的实现，包括价值增值和成本控制两个方面。要实现顾客价值创造，应当使顾客感受到的产品和服务所得的价值大于付出的成本。伙伴价值则是企业与合作伙伴都增加收益，减少成本付出。再就是企业价值的实现，表现为企业收益的增加和成本的降低，也是企业经营获得的最终目的。总之，企业价值和顾客价值、合作伙伴价值不可分割。

三、数据赋能制造企业商业模式创新的路径

数据赋能视角下，制造企业商业模式创新的实现是一个复杂的过程。商业模式创新的实质是相互关联的核心要素及其构成的创新架构，如图8-2所示。

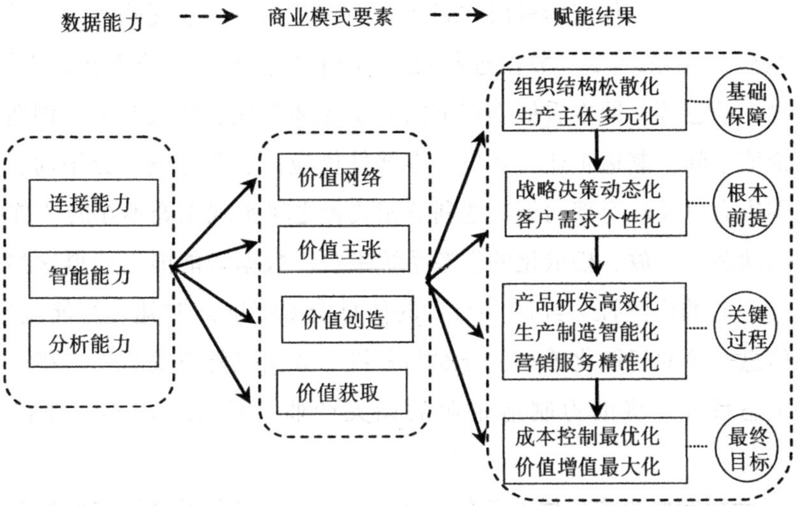

图8－2　数据赋能制造业商业模式创新架构

数据赋能制造业商业模式创新依托于数据连接、智能和分析能力，基于组织结构的创新，遵循“前提—过程—目标”的路径逻辑，从价值网络、价值主张、价值创造和价值获取四个层面体现赋能作用。数据赋能包括连接能力、智能能力和分析能力。连接能力是通过数字化技术连接产品、服务和价值共创主体的能力；智能能力是智能化感知、分配和分级的能力；分析能力是对海量数据进行数字化分析处理、形成信息价值的能力。数据连接、智能和分析三种能力通过赋能于制造企业的价值网络、价值主张、价值创造和价值获取创新，使制造企业能够基于组织结构松散化和生产主体多元化的组织生态系统的结构保障，以战略决策动态化和客户需求个性化为根本前提，通过研究开发高效化、生产制造智能化和营销服务精准化的关键过程，最终实现利益相关者价值增值最大化和成本控制最优化的最终目标。

（一）基础保障：数据赋能价值网络创新

1. 数据赋能组织结构松散化：智能连接一切

数字经济环境下，制造企业的组织结构发展成为松散耦合的平台生态系统。组织结构从传统的科层式封闭式组织，向开放、无边界、松散耦合的组织生态系统转变。数据连接能力使得“连接”无处不在，连接人、财、物、信息等，原本看似不相干的活动主体都能够连接起来，创造出更多的价值空间。制造企业、客户、零部件供应商、服务商、分销商、渠道商、零售商以及政府部门等其他利益相关者之间实现无处不在的“连接”，构建出动态、开放、松散化的生态系统平台。数据智能能力使得这些“连接”在一起的广泛社会经济参与者的信息资源能够随时随地智能化反馈，实现信息资源的智能化感知、分配和分级。数据赋能下的智能连接一切的平台生态系统，将助力制造企业的相关产业一体化，使其产业链得到延伸。

2. 数据赋能生产主体多元化：企业、客户和其他社会经济参与者

数据赋能于制造企业，使越来越多的消费者和其他社会经济主体能够参与产品和服务的设计。服务逻辑强调消费者是价值创造的主导者，企业是协助者（Grönroos 和 Gummerus，2014）。服务主导逻辑强调在开放的服务生态系统中，每一个社会经济参与者都是价值的创造者（Vargo 和 Lusch，2016）。在数据技术的赋能下，企业、顾客和其他社会经济参与者之间的关系被重新定义，企业不再是独立的生产个体，而通过“连接”个体而形成一个庞大的平台生态系统。

在数据赋能下的松散化平台生态系统中，制造企业、客户和其他利益相关者通过数据连接能力都成为被赋能的主体，共同参与到制造企业的生产经营过程中。价值创造不再完全依赖于制造企业，而是越来越多依托于连接无处不在的平台生态系统中的每一个个体。数据智能能力和分析能力实现了信息交换、处理和共享，使每个主体都因数据赋能而成为生产者和价值创造者。在数据赋能的平台生态系统中，这些主体的角色发生了转变，各主体之间原有的关系也被打破。制造企业成为资源提供者，积极推动平台生态系统中的个体参与产品和服务的价值创造；客户主动积极参与产品生产和服务提供，实现产品和服务的个性化定制；广泛的社会经济参与者助推产品和服务提供。制造企业与客户之间由生产消费关系转变为共同生产关系，制造企业与其他传统的竞争者也由竞争转变为合作共生的关系，制造企业和其他社会经济主体由合作关联关系转变为共生关系。

（二）根本前提：数据赋能价值主张创新

1. 数据赋能战略决策动态化

数字经济下，企业进行战略决策的模式不同于传统的战略决策流程和方式，而是更加强调实时、动态、灵活的战略决策。制造企业通过数据赋能决策创新能力，实现动态化的战略决策。制造企业依托于数据智能能力和数据分析能力，形成大量的助力战略决策的数据信息，从而赋能战略决策动态化。

数据智能能力使平台生态系统中的企业、客户和其他利益相关者等能够随时随地智能化感知信息，并自动分配相关信息到各主体。数据分析能力帮助企业运用数据分析模型，将海量的数据分析处理后形成有价值信息，从而及时、准确地认知事物。制造企业通过数据分析模型正确认知和分析有价值的数据信息，从而赋能企业具备动态化的战略决策能力，确保企业战略决策的正确性和实时性。

2. 数据赋能满足客户需求个性化

数字经济环境下的企业商业模式，强调价值主张要以客户为中心，满足客户需求为导向。制造企业以客户需求为中心，以优质的个性化产品和服务，满足顾客的个性化需求，为客户提供定制化的数字化产品和服务，从而实现价值主张创新。数字经济时代，一方面，企业能够获得的数据资源比以往任何时候都更加丰富，数据作为一种关键的要素资源，为企业提供了海量的数据信息和个性化识别机会。另一方面，消费者的行为变化对制造企业的管理带来了挑战，传统的管理方式很难满足顾客的个性化需求。消费者的行为呈现出移动化、个性化和变化快的特征。移动终端成为主流的消费工具，便捷的网络接入使消费者随时随地都可以发生消费行为。此外，消费者的需求变化也越来越快，并且越发个性化。

数据不仅赋能于制造企业，还赋能于客户消费的变化。数据连接能力为平台生态系统的个体之间建立了无处不在的连接，也使制造企业与广大的消费者建立起“无处不在”的连接。大数据、数据挖掘、算法等技术提升了制造企业的数据智能能力和数据分析能力。制造企业通过数据智能能力，能够及时智能地感知用户行为，使企业可以从消费端获取海量数据，包括消费者的网络评价数据和使用实时数据；制造企业通过数据分析能力，能够对获取的数据信息进行深入分析，获得消费者整体行为特征，精准地刻画消费者行为，对消费者的变化趋势作出响应，通过智能能力动态地分配资源，灵活地提供服务，从而及时满足客户的个性化需求。

（三）关键过程：数据赋能价值创造创新

数字经济环境下的价值创造依托于大数据技术对信息数据的精确掌握，通过数据化的资源整合过程，实现价值创造的过程创新。数据赋能于价值创造过程，是在企业产品和服务的提供流程中，通过数据连接、智能和分析能力，对人力、物力、财力等资源进行高度整合，实现数据资源的高效调度，重构传统的产品研究开发、生产制造和营销服务等业务流程，构建数据制造能力，从而实现高效率的价值创造过程。

1. 数据赋能产品研究开发：高效化

产品研发来源于市场需求数据，制造企业通过数据赋能可以使产品研发更加高效化。通过集成 CAD、CAPP、CAE、MBD 等系统工具，开展产品和工艺的三维立体设计、产品仿真、虚拟验证等活动，模拟检验产品在真实环境中的性能，从而降低测试成本、提高设计的效率和准确性。

传统的产品研发周期长、效率低，很难精准满足用户需求。制造企业通过与大型的数据平台合作，通过数据连接、智能和分析能力，发现用户对产品外观、功能、使用场景等属性的需求和偏好，能够设计出更加符合用户需求的高性能、个性化产品。此外，数据赋能制造企业研发开发，不仅能够提升企业的研发能力，还能够缩短新产品研发周期。一般而言，传统的产品研发到上市需要按顺序经历市场洞察、概念甄选、潜力预估、生产制造等流程，环节多、周期长。如果能够充分利用市场数据信息，则可以大大缩短市场洞察、概念甄选和潜力预估等环节的时间，从而高效化的实现产品研究开发。很多制造企业，例如，宝洁等都通过与天猫合作，借助天猫平台的数据赋能于新产品开发，大大的提升了新产品开发效率。中行第一飞机研究院在新飞豹飞机研制过程中，全面采用数字样机技术、构建了全机 51897 个零件，43 万个标准件，487 个关键件的三维数字模型，大幅提高了飞机各部件模块化设计水平，使设计周期缩短 60%，设计返工减少 30%。

2. 数据赋能生产制造：智能化

数据赋能创新了企业的资源获取、整合和配置能力，不仅能够促进企业内部激活数据自驱能力，还能够连接外部主体激活数据整合能力。首先，数据连接和智能能力在企业的供应链管理中发挥了重要作用。原材料、零部件供应过程中，通过数据连接能力，实现关联资源整合，促进生态圈内的合作商塑造数据供应能力，实现供应链协同响应。其次，智能制造与机器人技术是提升制造业核心竞争力的关键技术，数据智能技术在企业的生产管理中发挥了重要作用。在企业生产过程中，智能机器代替人工和传统机器，实现高效智能化生产；数据赋能通过数据的连接能力促进制造设备联网，建立智能设备之间的连接，通过生产环境的数字化智能连接，实现技术流程自主优化；数据赋能通过数据的智能能力和分析能力，自动识别潜在的设备问题和生产过程中各环节可能出现的问题。

数据赋能生产制造主要表现为智能制造，智能制造的基础“一硬、一软、一网、一平台”。硬件包括智能硬件、芯片、传感器等，实现生产流程中的人、设备、物料、环境等隐性数据的显性化。软件包括工业软件、设计软件、仿真软件、排产软件；网络是指工业网络、服务网络、物联网、互联网，连接工业生产系统和工业产品各要素的信息网络，支撑数据流动的通道。平台是指工业互联网平台，即工业云和智能服务平台，是高度集成、开放和共享的数据服务平台，是数据的集散中心、存储中心、分析中心和共享中心。

智能制造是基于新一代信息通信技术与先进制造技术深度融合，贯穿于设计、生产、管理、服务等制造活动各个环节，具有自感知、自学习、自决策、自适应等功能的新型生产方式。数据赋能智能制造包括自动化、信息化、互联化和智能化四个方面。就自动化而言，能够淘汰、改造低自动化水平的设备，制造高自动化水平的智能设备。就信息化而言，能够将产品服务由物理到信息网络、智能化原件参与提高产品信息处理能力。就互联化而言，通过建设工厂物联网、服务网、数据网、工厂间互联、装备集成而实现。就智能化而言，能够通过传感器和机器视觉等技术实现智能监控、决策。

3. 数据赋能营销服务：精准化

数据赋能下的制造企业不再依托于传统的4P营销模式，而是依托于以客户为中心的关系营销模式，通过数据赋能实现营销服务精准化。数据赋能企业更精准地了解用户需求，不仅是企业围绕用户需求，而且是企业为用户创造需求。数据赋能下的产品和服务具有智能化、场景化和连接性特征，制造企业通过数据连接能力使大量的电子元器件，诸如传感器、处理器、存储器等建立广泛连接；通过数据智能能力实现实时智能抓取海量数据，并进行智能分配和分级；通过数据分析能力分析消费者的使用行为或智能产品通过自主学习的方式智能化分析消费者行为，从而面向消费者实施个性化精准营销服务。此外，产品、企业和人在内的所有事物之间都存在着连接，各种智能产品通过智能连接实现数据交互。广泛连接的智能产品协同化地为用户提供各种使用和服务场景，用户通过产品和服务配套的应用软件和操作系统，自主操作完成后续的产品和服务定制化环节，从而满足用户对产品和服务的个性化需求和使用，用户的个性化使用行为又将通过数据反馈到企业的数据库中，从而助力企业营销服务精准化。

（四）最终目标：数据赋能价值获取创新

1. 数据赋能价值增值最大化

数据赋能通过对数据资源的整合，提升价值创造能力，实现价值的高效传递和提升，最终结果是生态圈中的参与主体都能够获得价值增值，包括制造企业、客户及其他利益相关者都能够获得价值最大化。

对制造企业而言，通过数据赋能将为其带来销售额、利润、营收、产品附加值、影响力等方面的价值增值。数据智能能力和分析能力不仅使其能够清楚地了解用户需求，还能够创造用户需求，这将带来企业销售额和利润额的增长。企业通过数据智能能力赋能实现从价值链低端向价值链高端升级，能够提升产品和服务的附加值。企业还通过数据连接能力赋能实现制造业与高新技术、服务、金融等产业融合，提升企业的品牌影响力。企业通过数据连接能力突破了传统的经营模式，通过多种经营的收入，带来更高的利润增值和经济收益。

对顾客而言，通过数据赋能，企业能够以更优质的产品和服务满足客户个性化需求，从而增强了用户的体验价值。此外，用户有机会参与企业的产品研发设计、生产制造和营销过程，这将使用户具有更高的参与价值和满足感。

对其他利益相关者而言，数据赋能下的生态圈中每一个参与者都是一种合作共生关系，竞争者从过去的对立竞争变成了合作共赢，这将给每一个参与者都创造了获得价值的机会，而不是内耗。

2. 数据赋能成本控制最优化

数据赋能除了实现价值增值之外，还体现在成本控制方面，通过数据连接能力、智能能力和分析能力，实现成本最优控制。对制造企业而言，数据连接能力、智能能力和分析能力使制造企业实现了制造设备的智能化升级，通过智能生产，提升生产服务效率，最大化降低成本，实现制造产品和服务的成本结构最优化。此外，制造企业能够以较低成本实现产品个性化生产，缩短新产品研究开发的周期和成本，还能创造更多满足消费者需求的产品和服务。

对用户而言，通过数据连接能力和智能能力，用户可以清楚地了解企业的产品和服务，也能更便利地获取需要的产品和服务，以更低廉的价格享受到更优质的产品和服务。通过智能化推荐服务，消费者不仅减少了搜索、对比、筛选耗费的时间和精力成本，还能够更加高效便捷地获取产品和服务。

此外，数据赋能下的生态圈中，每一个参与者都是一种合作共生关系，竞争者从过去的对立竞争变成了合作共赢，减少了竞争成本和内耗，也是一种成本控制的体现。

四、本章小结

商业模式创新是企业在动态竞争的环境中面临的必然选择，商业模式创新是一个复杂的过程。数据赋能为制造企业商业模式创新提供了全新的视角，不仅推动了组织结构变革，而且助力价值主张、价值创造和价值获取创新。然而，数据和智能技术在企业商业模式创新中的成功运用不是一蹴而就，对那些传统的制造企业而言，要通过数据赋能商业模式创新更是不容易。因此，本章内容从数据赋能的本质和商业模式的内涵出发，抓住商业模式创新的关键问题，从价值网络、价值主张、价值创新和价值获取四个层面剖析数据如何赋能于商业模式创新。传统的制造企业可以根据自身发展情况，从基础设施建设、人才引进和培训、经费投入等着手，一步步推动商业模式创新。

第九章

贵州制造业现状和创新升级必要性分析

一、贵州制造业的发展现状

（一）贵州制造业发展概况

贵州，简称“黔”或“贵”，包括6个地级市和3个民族自治州。从地理位置来看，贵州地处西南内陆地区腹地，北接重庆和四川、东毗湖南、南邻广西、西连云南，是中国西南地区交通枢纽。从经济地位来看，近年来贵州经济高速发展，实现了后发赶超，作为长江经济带重要组成部分，是内陆开放型经济试验区，更是全国首个国家级大数据综合试验区。制造业在贵州经济发展中占有重要的位置，是贵州工业发展的主力军，从军工制造基地为主向高新技术产业转移的创新发展，创造了贵州经济发展的新增长点。

1. 制造业是促进贵州工业发展的主力军

贵州统计年鉴数据显示，2021年贵州规模以上制造企业数量为4060个，占规模以上工业企业数量的79.76%；规模以上制造业总产值为8257.05亿元，占规模以上工业总产值的72.77%；规模以上制造业增加值比重为68.3%。表9－1、和表9－2分别描述了2017—2021年贵州规模以上工业与制造业的企业数量、总产值的变化情况。数据显示，2017年以来，贵州规模以上制造企业数量占工业企业数量总数量的比重在78%至81%之间；规模以上制造业总产值占规模以上工业总产值的比重在72%—74%之间，且呈稳定的微增长趋势。

表9－1　2017—2021年贵州规模以上工业与制造企业数量

年份	规模以上工业企业数量（个）	规模以上制造企业数量（个）	制造业所占比重（%）
2017	5311	4146	78.06

续表

年份	规模以上工业企业数量（个）	规模以上制造企业数量（个）	制造业所占比重（%）
2018	5311	4238	79.80
2019	4686	3755	80.13
2020	4482	3600	80.32
2021	5090	4060	79.76

资料来源：根据《贵州统计年鉴》2017—2021 年相关数据分析计算得出。

表 9-2　2017—2021 年贵州规模以上工业与制造业总产值

年份	规模以上工业总产值（亿元）	规模以上制造业总产值（亿元）	制造业所占比重（%）
2017	11048.29	8080.39	73.14
2018	10234.05	7449.75	72.79
2019	10445.19	7706.67	73.71
2020	10301.81	7576.00	73.54
2021	11346.92	8257.05	72.77

资料来源：根据《贵州统计年鉴》2017—2021 年相关数据分析计算得出。

图 9-1 显示了 2017—2021 年贵州规模以上制造业增加值占规模以上工业增加值的比重，可以看出该比重在 67%—73% 之间，前四年连续呈微增长趋势，但在 2021 年出现明显的下滑现象。贵州经济发展的速度和质量都必须依赖于制造业的升级和发展。但 2021 年的下滑会为贵州制造业的发展敲响警钟。

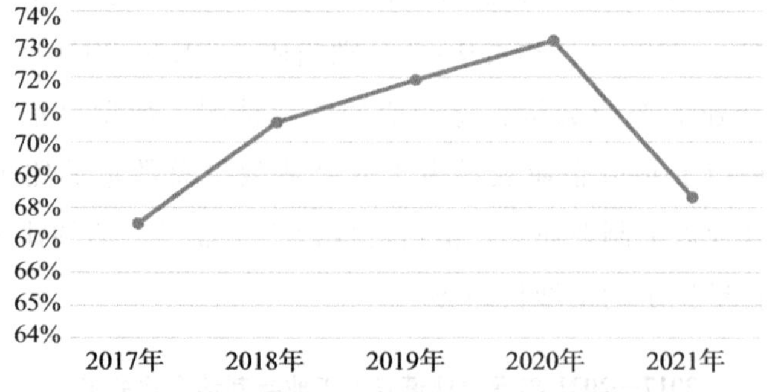

图 9-1　2017—2021 年贵州规模以上制造业占工业增加值比重

资料来源：根据《贵州统计年鉴》2017—2021 年相关数据绘制。

从工业占比和增加值来看，截至 2022 年，贵州省地区生产总值为 20164.58 亿元，比上年增长 1.2%，其中，第二产业增加值为 7113.03 亿元，增长 0.5%，第二产业增加值占地区生产总值的 35.3%，规模以上工业增加值为 5493.13 亿元，比上年增长 5.0%。就制造业而言，计算机、通信和其他电子设备制造业增加值比上年增长 45.9%，酒、饮料和精制茶制造业增长 32.6%，电气机械和器材制造业增长 31.2%，铁路、船舶、航空航天和其他运输设备制造业增长 12.8%，烟草制品业增长 6.7%①。

早在 2018 年，贵州制造业增加值占贵州全省工业比重就已经达到 70.8%，高技术制造业增加值同比增长 15%，全省制造业对全省工业经济的贡献率为 75%，大约占全省 GDP 的 25%。2020 年受疫情影响，尽管 2019 年全省地区生产总值和第二产业增加值较上一年都有所下降，但贵州制造业 2019 年全年的增加值仍旧高于工业增加值，直到 2022 年制造业的占比仍保持了较大增长，这说明制造业对工业的贡献非常重要。

从利润和成本来看，2021 年全年贵州全省规模以上工业企业利润总额 2198.87 亿元，比上年增长 7.1%。全年营业收入成本费用利润率为 13.64%，比 2019 年提高 1.87 个百分点。年末规模以上工业企业资产负债率为 62.69%，比上年末上升 2.19 个百分点。此外，贵州制造业企业单位数从 2019 年的 3755 家，增加到 2021 年的 4060 家②。经历了 2020 年疫情的缓慢发展后，贵州制造业在 2021 年又迎来了强劲增长势头。可以看出，贵州经济增长呈现良好势头，比较而言，第二产业增速最快，制造业对工业发展的贡献显著，并且在后疫情时期迅速复苏，贵州制造业对促进贵州工业发展而言，是不可忽视的主力军。

2. 贵州制造业的发展阶段

制造业作为贵州工业和经济发展的支柱力量和主力军，具体而言，经过以下发展过程：

第一阶段是以技术含量低、劳动密集型的军工制造基地为主的起步阶段。20 世纪 60 年代，这一时期被称为“三线建设”时期，贵州制造业开

---

① 贵州省统计局．贵州省 2022 年国民经济和社会发展统计公报［Z］．2023 年 5 月。

② 《贵州统计年鉴（2022）》2017—2021 年相关数据。

始起步。国家在贵州布局以航天、航空和电子为主的军工基地，从而初步为贵州现代工业产业的形成奠定了基础。20世纪80年代，贵州的装备制造业总产值曾经占到工业总产值的38%，这一时期，装备制造业还成为贵州工业经济的支柱（李少波，2019）。但随着制造业技术的进步，以及珠三角、长三角等区域制造业的崛起，贵州的装备制造业发展变得迟缓，甚至逐渐变得落后。

第二阶段是以非金属矿物制品、酒、饮料和茶等食品工业为主的发展阶段。改革开放以后的较长时间内，贵州一致处于经济、技术、人才、交通落后的状况。20世纪90年代开始，贵州依托于地方丰富的矿物资源和地方特色资源，形成以传统非金属矿物制品生产加工，酒、茶和农副产品制造业为主的发展阶段。这一时期，非金属和金属矿物制品、酒、饮料、茶和食品加工在贵州制造业总产值中占据着很大的比重，成为贵州制造业发展的主力。

第三阶段是向高技术产业转移的创新发展阶段。作为中国西部内陆省份，贵州抓住技术革命和产业革命的机遇，实施大数据战略行动，实现产业结构调整。2017年，贵州省人民政府发布《贵州省深化制造业与互联网融合发展实施意见》，该意见指出贵州应当借助建设贵州作为国家大数据综合试验区的契机，加快实施大数据战略行动①。根据该意见，贵州已经从战略层面强化信息技术对制造业的支撑作用，并且正在积极培育新形态的制造业模式，通过构建互联网与制造业融合的“双创”平台，促进制造业网络化、数字化和智能化发展。这不仅激发了贵州制造业的创新活力、转型动力和发展潜力，还推动了贵州制造业从低端向中高端转型升级。2018年12月，贵州省人民政府出台了《贵州省十大千亿级工业产业振兴行动方案》，该方案强调要深入实施工业强省战略，从战略层面调整贵州全省的经济结构和经济增长方式，这将扎实推动贵州制造业的转型升级和高质量发展，通过打造贵州现代工业体系，为全省经济社会发展提供有力支撑②。

---

① 贵州省人民政府．贵州省深化制造业与互联网融合发展实施意见（〔2017〕23号）。

② 贵州省人民政府．贵州省十大千亿级工业产业振兴行动方案，2018年12月。

在一系列政策的推动下，贵州开始加大力量发展通信设备、计算机及其他电子设备制造业，逐渐从非金属制造、酒茶饮料、化学原料和金属冶炼为主的制造业结构向发展计算机、通信和其他电子设备制造业转变。从2015—2019年贵州规模以上制造业行业总产值排名来看（见表9－3），从2017年开始，黑色金属冶炼加工等行业呈现下降趋势，跌出了前五行列。尽管非金属矿物制品业，酒、饮料和精制茶制造业仍旧对制造业产值有最重要的贡献，但计算机、通信和其他电子设备制造业的行业却一跃进入全省行业产值占规模以上制造业总产值比例的前五行列，实现飞速大幅增长，在31个制造业大类中成为贵州制造业总产值的重要贡献行业。2021年11月，贵州省工业和信息化厅出台《先进装备制造业“十四五”发展规划》，规划贵州先进装备制造业产值到2025年达到3000亿元，其中，计划研发经费投入要占到主营业务收入的2.5%以上。该规划还指出将新增10个以上重点实验室、企业技术中心等创新平台，并且将重点建设以装备制造业为主导的核心区和产业聚集区。

表9－3　2017－2021年贵州规模以上制造业中行业总产值前五名的行业

（亿元）

年份	行业产值占规模以上制造业总产值比率前五名的行业	前五名行业比重合计
2017	非金属矿物制品业（1311.77） 酒、饮料和精制茶制造业（1067.86） 计算机、通信和其他电子设备制造业（766.09） 化学原料及化学制品制造业（694.09） 有色金属冶炼和压延加工业（447.67）	制造业总产量：8080.39 前五名总量：4136.44 占比：51.19%
2018	非金属矿物制品业（1263.69） 酒、饮料和精制茶制造业（1187.62） 化学原料及化学制品制造业（651.58） 计算机、通信和其他电子设备制造业（612.54） 有色金属冶炼和压延加工业（474.01）	制造业总产量：7449.75 前五名总量：4189.44 占比：56.24%
2019	酒、饮料和精制茶制造业（1284.73） 非金属矿物制品业（1140.84） 计算机、通信和其他电子设备制造业（632.76） 化学原料及化学制品制造业（608.57） 有色金属冶炼和压延加工业（528.35）	制造业总产量：7706.67 前五名总量：4195. 25 占比：54.44%

续表

年份	行业产值占规模以上制造业总产值比率前五名的行业	前五名行业比重合计
2020	酒、饮料和精制茶制造业（1396.29） 非金属矿物制品业（977.07） 有色金属冶炼和压延加工业（571.66） 化学原料及化学制品制造业（544.83） 计算机、通信和其他电子设备制造业（470.39）	制造业总产量：7576.00 前五名总量：3960.24 占比：52.27%
2021	酒、饮料和精制茶制造业（1042.76） 非金属矿物制品业（1029.85） 化学原料及化学制品制造业（789.46） 有色金属冶炼和压延加工业（749.72） 黑色金属冶炼和压延加工业（653.94）	制造业总产量：8257.05 前五名总量：4265.73 占比：51.66%

资料来源：根据《贵州统计年鉴》2017—2021 年相关数据分析计算得出。其中，制造业的范围按《国民经济行业分类（GB－T4754－2017）》所颁布的标准统计（以下关于制造业的数据均按此范围计算）。

3. 制造业与大数据融合发展，创造贵州经济发展的新增长点

贵州作为全国首个国家级大数据综合试验区，大数据产业发展的优势为贵州制造业的商业模式创新带来了契机。制造业与大数据融合发展，为贵州经济发展创造了新的增长点。2016 年，中共中央和国务院正式发布《国家信息化发展战略纲要》，提出建立“数字中国”的战略要求，要求推进工业化和信息化的深度融合，加快实施《中国制造 2025》，推动工业互联网创新发展。2017 年 11 月，国务院印发了《深化“互联网＋先进制造业”发展工业互联网的指导意见》，着力增强工业互联网与制造业的融合，推动制造业数字化转型升级。2018 年 12 月，贵州省人民政府出台了《贵州省十大千亿级工业产业振兴行动方案》，扎实推动制造业转型升级和高质量发展。

在“十三五”期间，贵州先进制造业发展取得了显著的成绩。数据显示，2020 年全省大数据和实体经济深度融合指标达到 41.1，比 2019 年提升 1.6，整体融合进程已步入中级阶段。以贵阳为例，2016—2019 年，贵阳市规模以上工业平均增速为 8.3%，累计完成工业其他投资（不含园区基础设施投资）1859 亿元，2020 年，面对新冠疫情，贵州狠抓两线作战，实现工业经济逆势发展，2020 年 1—9 月，全市规模以上工业增加值增速

为4.9%，较全国、全省分别高3.7%和2.2%。贵阳市规模以上大数据企业达到117个，数字经济增加值超过1600亿元，占地区生产总值比重超过38%。移动、电信、联通三大通信运营商以及华为、腾讯、苹果等一批国内外龙头企业数据中心在贵阳贵安新区建成投用。可以看出，制造业与大数据的融合发展，创造了贵州经济发展的新增长点。

2021年3月，贵州省委、省政府出台《关于实施工业倍增行动 奋力实现工业大突破的意见》大力推进贵州新型工业化和经济高质量发展，该意见指出要坚定不移实施工业强省战略，奋力实施工业倍增行动，加大力度打造契合新时代贵州和富有贵州特色的新型工业化体系。

此外，在贵州省委、省政府的系统规划下，贵州正大力推进数字经济发展，强化数字经济赋能于传统制造业转型。借助数字技术飞速发展的契机，贵州着力继续巩固其现有的大数据行动优势，大力培育数据和实体经济融合的新业态。一方面，持续推动企业技术改造，深入实施"千企改造"工程，加快实施一批数字化、网络化、智能化技改项目，打造一批"数字车间""智慧工厂"，通过技术改造推动产品结构升级、提升产品价值。另一方面，大力实施"万企融合"行动，加强物联网、云计算、人工智能等新技术应用，加快工业互联网创新发展，全面推动和加强大数据与制造业的深度融合。

（二）贵州制造业发展的举措和成效

1. 持续实施"双千"工程

贵州全省"十三五"期间，制造业的发展得到贵州省委、省政府的大力支持，通过持续实施"千企改造、千企引进"工程，制造业转型升级取得了明显成效。"双千"工程以"千企改造"促进传统行业转型升级，以"千企引进"推动新兴产业发展，高新技术制造业在"十三五"时期得到迅速发展。2019年1—8月，全省实施"千企改造"工程企业1256户，总投资3945.7亿元，拉动工业投资完成2400亿元。通过实施"千企引进"工程，2019年前三季度，全省新引进先进装备制造产业项目166个，合同约定投资总额225.8亿元。2021年拟纳入龙头和高成长性企业名单的企业共254户，涉及项目266个，总投资1859.57亿元，2021年还计划投资467.6亿元，投产后有望实现销售收入1767.18亿元，新增税收164.42亿元。

2. 大力培育十大千亿级工业产业

在工业强省战略指引下，2018年12月，贵州省人民政府出台《贵州省十大千亿级工业产业振兴行动方案》，开始大力实施“十百千万计划”，扎实推动制造业转型升级和高质量发展。该行动方案首次提出千亿级工业产业概念，并公布了振兴现代化工、大数据电子信息、先进装备制造、基础能源、基础材料、新型建材、清洁高效电力、优质烟酒、生态特色食品、健康医药十大工业产业。2019年，规划振兴的十大千亿级工业产业都呈现出“规模壮大、增速加快、质量提升、效益向好”的发展态势：十大千亿级工业产业总产值达到1.27万亿元，规模以上工业增加值占全省工业比重达96%以上，对工业增加值增长贡献率达98%以上，拉动工业增长9.4个百分点①。

3. 大力推进高新技术和智能制造创新发展

贵州持续推进制造业向高新技术和智能制造企业转型。2016—2019年全省高新技术制造业增加值年均增长20.5%；计算机、通信和其他电子设备制造业增加值年均增速达到40.5%。2019年，全省规模以上高技术制造企业428个，比“十二五”期末增加213个，数量占全部规模以上工业企业的比重达9.1%，较“十二五”期末提升4.3%②。2021年1—2月，贵州电子及通信设备制造业发展的恢复较为明显（见表9-4）。

从表9-4可以看出，2021年1—2月，规模以上电子及通信设备制造业增加值和上年同一时期相比增长了65.1%，增速比全省高技术制造业均值高出28.7个百分点，这说明这一时期贵州电子及通信设备制造业是拉动贵州高技术制造业增速的主要力量③。

---

① 动静新闻：多彩贵州·相约2020丨贵州工业再出发——蹄疾步稳，2020-05-25。

② 贵州天眼新闻：贵州：“十三五”以来新产业快速发展，2020-12-01。

③ 贵州省统计局．最新发布：1—2月份全省高技术制造业快速回升，2021年3月。

表 9－4　2020 年和 2021 年 1—2 月贵州省高技术制造业主要指标情况

行业名称	工业增加值增速（%）		工业增加值占比（%）	
	2021 年 1—2 月	2020 年 1—2 月	2021 年 1—2 月	2020 年 1—2 月
高技术制造业	36.4	－22.0	100.0	100.0
医药制造业	24.1	－17.0	49.5	51.1
航空、航天器及设备制造业	43.0	－1.5	18.0	19.2
电子及通信设备制造业	65.1	－38.8	30.0	25.8
计算机及办公设备制造业	15.7	－61.2	0.5	0.4
医疗仪器设备及仪器仪表制造业	－17.7	－6.5	1.9	3.3
信息化学品制造业	80.0	－37.0	0.1	0.2

资料来源：贵州省统计局．最新发布：1—2 月份全省高技术制造业快速回升。

同时，贵州省委、省政府推动实施智能制造专项行动计划，2018 年，省财政安排专项资金近 2 亿元，支持装备制造、智能制造等项目 92 个，争取中央工业转型升级资金 7948 万元。全省累计建设重点实验室 63 家（国家级 5 家）、工程技术研究中心 139 家（国家级 5 家）；培育高新技术企业 1173 家①。按照贵州省委、省政府部署的大数据战略行动，贵阳市工信局将智能制造作为制造业发展的主攻方向，积极发展和组织数字化解决方案提供商团队，深入工业企业问诊把脉，针对贵州制造企业发展中存在的“难点”和“痛点”，助力企业数字化改造。智能化改造让企业“脱胎换骨”，诸多贵州制造企业产能为智能化生成的受益者。智能制造正逐步渗透到全省工业发展的各产业，例如，贵州白云山科技股份有限公司主要从事云计算和大数据产品服务，公司不仅自身实现转型升级，还助力于贵阳智能产业生态圈的打造；此外，贵州新天光电科技通过实施智能制造，使企业降低了生产过程中的数据管理成本约 20%，提升了生产过程中的生产效率约 30%，提升生产过程中的问题解决和及时响应率约 30%②。这说明，贵州制造业向技术创新和智能化方向的转变，高新技术和智能制造企

① 贵州省人民政府办公厅关于省政协十二届二次会议第 1201 号提案的答复，2019 年 10 月 16 日。

② 冉茂燚．贵阳日报，学习强国，贵阳学习平台，贵阳：智能制造助力智能产业“生态圈”加速形成。

业将是贵州制造业的升级方向。

4. 数字经济与制造业融合发展

贵州将“大数据”作为全省三大战略行动之一，正积极建设国家大数据综合试验区，大数据赋能实体经济建设已经成为贵州经济发展的必然选择。近年来，贵州正大力促进大数据与实体经济的深度融合，大数据和十大工业产业深度融合创新发展正有序进行，“万企融合”大行动正在深入推进。大数据战略的部署和行动，正有力地推动着贵州经济发展的质量变革、效率变革和动力变革。相关数据显示，自“万企融合”大行动实施以来，贵州已打造完成标杆项目300多个，示范项目3262个，这一战略行动还带动了近6000户实体经济企业与大数据深度融合。

数字经济是数字资源的再分配，通过数据赋能实现资源快速优化配置，推动经济高质量发展。贵州占据大数据发展先机，作为全国首个大数据综合试验区，拥有中国国际大数据博览会这一个国际性平台。“十三五”期间，贵州的数字经济增速连续5年全国第一，大数据正在形成贵州高质量发展的新动力。近年来，贵州持续推进“大数据”战略行动，贵州是我国大数据产业最早兴起并落地的区域之一，目前已经逐渐形成区域“集聚优势”。实施大数据战略行动，是贵州抓住技术革命和产业革命的机遇而主动选择实施的产业结构调整。对贵州工业企业而言，大数据与工业融合的背后，呈现出更高的产能和更有效的劳动。

二、贵州制造业发展存在的主要问题

（一）制造业发展速度不稳定

贵州近年来高度重视制造业对经济推动的重要性，深入贯彻实施工业强省战略，尽管制造业发展已经呈现上升趋势，但其发展速度并不稳定。

从图9-2可以看出，贵州全省规模以工业生产总值从2017年以来呈现曲线变化趋势，继2017年11048.29亿元的工业总产值后开始呈现缓慢下降趋势，2021年又开始呈现上升趋势。同时可以看出，规模以上制造业总值的变化趋势与工业生产总值变化趋势基本相同。而规模以上高新技术企业的工业总产值从2017年开始下降以来一直处于小幅度波动的情况。这说明，贵州的工业生产总值和制造业总值增长并不稳定，高新技术企业随环境的波动较频繁。

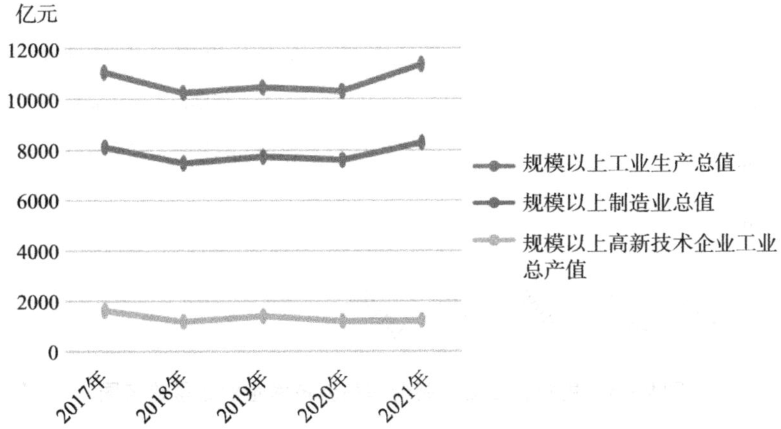

图9-2 贵州省工业、制造业和高新技术企业生产总值趋势图

资料来源：根据《贵州统计年鉴》2017—2021年统计数据绘制。

由此可见，贵州制造业尽管已经出现良好的发展势头，但是发展速度不够稳定。要保持贵州制造业长久稳定的上升趋势，原有的粗放、外延式的发展方式还需要改进，还需进一步进行产业结构调整和优化升级。制造业升级转型或商业模式创新，已是贵州制造业亟待解决的问题。

（二）高新技术制造企业占比偏低

高新技术企业是制造业转型的方向，但贵州全省的高新技术制造企业占比明显偏低。从图9-3可以看出，贵州全省规模以工业企业和制造企业数量2017—2021年变化趋势基本相同。从2017年和2018年基本一样，

2019—2020 年呈现轻微下降趋势，而 2021 年又开始出现上升。2017 年和 2018 年全省规模以上工业企业数均为 5311 个，2019 年则下降为 4686 个，2021 年又上升到 5090 个。2017 年全省规模以上制造企业为 4146 个，2018 上升为 4238 个，2019 年和 2020 年持续下降为 3755 家和 3600 家，2021 年开始上升到 4060 家。

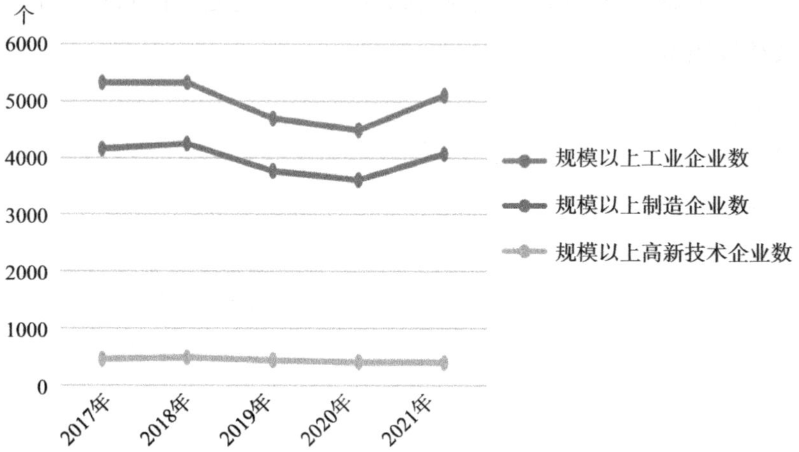

图 9－3　贵州省工业、制造和高新技术企业数量趋势图

资料来源：根据《贵州统计年鉴》2017—2021 年统计数据绘制。

相比较而言，贵州全省高新技术企业数量从 2017 年以来持续呈现出缓慢下降趋势，高新技术企业的绝对数量和相对数量都非常低。2017 年全省规模以上高新技术企业为 449 家，占全省工业企业的比重仅为 8.5%，占全省制造企业的比重也仅为 10.1%；2018 年上升为 475 家，占全省工业企业的比重为 8.9%，占全省制造企业的比重为 11.2%；而 2019 年以来，连续三年呈现下降，2019 年回落为 428 家，占全省工业企业的比重约为 9.1%，占全省制造企业的比重为 11.4%，2020 和 2021 年更是下降到 400 家以下。高新技术企业所占比重本来就不大的情况下，还呈现下降趋势，绝对数量和占比与中东部发达地区相比较而言，差距还非常大。可以说，贵州的高新技术企业还有非常大的上升空间。

（三）制造企业市场竞争力弱

随着劳动力、能源等生产成本不断提高，国家产业结构的调整以及市场竞争的加剧，以军工生产基地，非金属制品，酒、饮料和茶生产为主的制造企业很难保持持续的竞争优势。在以军工、金属和非金属制品以及食品等为主的贵州制造企业的低成本竞争优势逐渐减弱的同时，如果技术创新、研究设计、营销服务、商业模式等方面的竞争优势又未形成，那么，贵州制造业的竞争力将持续减弱。

从纵向比较来看，贵州的金属矿物制品业一直以来保持较高比重，2019 年贵州规模以上非金属制造业总产值位于规模以上制造业总产值排名的第三位，达到 1140. 84 亿元。近年来，高新技术制造企业崭露头角，已经开始出现转型升级趋势。但横向比较来看，国内长三角、珠三角等地区的制造业却长期具备较好的发展基础，占据着区位和技术优势，在国家重点发展高端装备制造业的政策支持下自主创新能力不断提高。国外一些发达国家和地区在金融危机后纷纷走上“再工业化”发展道路，利用掌握的核心技术占据主动，加快推动先进制造业的发展，占据着产业链的高端。所以，从国际和国内发达地区制造业发展趋势来看，贵州制造业发展的自主创新能力相对较弱，整体市场竞争力较弱，高质量的先进制造业形态尚未完全形成。

（四）粗放式制造业发展模式仍存在

贵州长期以来经济发展模式呈现粗放式的“三高两低”方式，即高投入、高消耗、高污染、低效益和低利润。这种以生产要素驱动为主的经济发展模式，在成本低廉、需求旺盛而供应短缺的时代具有一定的经济合理性，为贵州早期的经济奠定了基础。但随着经济下行态势持续、国内外市场普遍不振、生产成本持续上升，主要依靠资源要素投入的粗放式发展模式带来的诸多弊端逐渐呈现。从产业价值链的视角看，现代制造业价值链包括研发、设计、制造、组装、采购、库存、营销、服务等环节。一般来说，制造加工和组装处于价值链的低端，只具备较低的附加值，而产品研发、销售和服务等处于价值链的高端，具有较高的附加值。贵州的制造企业多数属于中低技术和劳动密集型产业，主要通过简单的模仿和组装，处于制造业价值链的低端环节。这些企业有生产成本优势，但核心技术、创新能力和自主品牌建设落后，总体附加值低，企业获利微薄。

高消耗的粗放式经济发展模式将使贵州面临资源短缺和环境污染压力，制约经济的可持续发展。《中国制造 2025》中提出，我国经济发展已经进入新常态，制造业发展将面临新的挑战：不断强化的资源和环境约束，诸如劳动力等不断上升的生产要素成本，明显放缓的投资和出口增速，以及难以为继的主要依靠投入资源和扩大规模的粗放发展模式。因此，贵州制造业原来的高消耗发展模式必须要加快调整和升级。

为此，贵州提出实施工业强省的战略部署，推进产业结构调整。2018 年 12 月，贵州省人民政府提出《贵州省十大千亿级工业产业振兴行动方案》，明确提出，贵州的经济发展要促进工业化与信息化融合，基于大数据战略行动，加快发展先进制造业和高技术产业。以贵州优势传统产业改造升级为基础，建设以大数据和先进制造业融合的产业群，从而使贵州的现代产业体系呈现出竞争力高端化、发展集聚化和结构高级化的局面。根据方案内容制定相应的产业转型和发展规划和产业政策，制造商在政策指引下也纷纷作出响应。经过几年的努力，贵州的产业转型升级和结构调整初见成效。然而，产业转型升级和结构调整是一个系统工程，需要一个较长的时期来实现完全升级，贵州制造业原有的产业发展模式仍然存在，一些制造企业还是以“技术在外、资本在外、市场在外、生产在内”的模式经营。

三、贵州制造企业创新升级的必要性

（一）制造企业创新升级顺应贵州经济发展和产业调整思路

《中国制造 2025》战略强调推动制造业向“智能制造”转变。2020 年 11 月“中国 5G + 工业互联网大会”召开，会议以“智联万物，融创未来”为主题，习近平总书记特别指出 5G 与工业互联网的融合将加速中国新型工业化进程。贵州省《“十四五”规划纲要（2021—2025 年）》（简称《纲要》）明确提出，贵州要坚持高端发展的战略取向，建设成为全国先进制造业基地，促进信息化与工业化融合，加快发展先进制造业，通过对传统优势制造产业的改造提升，建设智能化和信息化融合的制造业产业群。

早在“十三五”期间，贵州就已经布局制造业要坚持产业高端化、信息化的战略取向，促进传统制造业与战略性新兴产业、先进制造业、面向工业生产的服务业协调发展；要发挥信息化的引领作用，深化信息技术集成应用，促进传统制造业的信息化转型，实现先进制造业向数字化、智能化、高端化转变。2017 年，贵州省人民政府在《贵州省深化制造业与互联网融合发展实施意见》中指出，贵州必须大力实施“互联网 +”和大数据战略行动，强化实施以高新信息技术为支撑的制造业新模式、新业态、新生态。2018 年，贵州省人民政府在《贵州省十大千亿工业产业振兴行动方案》中提出，贵州要深化工业强省战略，从战略层面推动贵州经济结构和增长方式的转变，要扎实推进制造业转型升级的高质量发展。2019 年 6 月，贵州出台了《贵州省先进装备制造产业振兴行动实施方案》和《2019 年贵州省先进装备制造产业振兴行动计划》，明确到 2022 年，力争全省规模以上装备制造业工业产值突破 1600 亿元，工业增加值突破 360 亿元。2020 年 12 月，贵州省工业和信息化厅制定了《贵州省先进装备制造业公共服务平台开放建设专项行动方案》，要求到2022年建设一批为先进装备制造业直接服务的公共服务平台，推动贵州先进装备制造业服务平台能力和服务的有效提升。2021年2月，《贵州省国民经济和社会发展第十四个五年规划和2035年远景目标纲要》阐明了贵州省“十四五”时期要深入实施大数据战略行动，大力推动新型工业化发展，2035规划远景目标之一是基本实现新型工业化和信息化，建成现代化经济体系，其中，先进装备制造业和大数据电子信息产业被列为重点发展的十大工业产业。

综合以上分析，国家重视制造业转型升级，更注重制造业的高质量发展，而贵州也将制造业与互联网、大数据融合的新模式发展列入战略规划。制造业的高质量发展离不开商业模式创新，因而制造业商业模式创新顺应了贵州经济发展和产业调整思路。

（二）制造企业创新升级可以提升制造业附加价值

传统的制造业集中于产品的制造、加工和组装环节，处于制造业价值链曲线价值低端，附加价值低。而先进制造业强调将制造业务从产品加工组装延伸到研发设计、售后服务、品牌管理、维修保养等环节，由提供同质化“产品”转向提供差异化的“产品+服务”，通过商业模式创新提升制造业的整体附加价值。制造企业由传统制造业的以产品为中心转向以人为中心的创新升级，将顾客对产品的使用过程纳入产品的寿命周期并应用到产品的设计和生产中，以满足顾客个性化的需求。因此，创新的商业模式下，制造业价值链由以生产加工为主要增值点的低端环节，转变到以服务、品牌建设、核心技术为主要增值点的高端环节，这不仅为企业带来了更高的利润，还能够提供更稳定的收益来源。相关学者对德国200家装备制造业企业进行调查，结果显示其产品设计、生产、销售仅占总利润的2.3%，而“服务”中附加的监控、备品备件、维修、维护等服务环节占到利润的57%。另有数据显示，与汽车销售关联的服务价值是汽车本身的5—8倍，极大地增加了汽车制造业的产出价值。

因此，随着制造业和大数据产业的发展，制造业与大数据融合的创新模式已成为制造业的发展趋势之一。尽管已认识到传统制造企业创新升级的重要性，但由于起步相对较晚，贵州制造业的发展还是相对滞后。目前，贵州制造业中较大部分属于劳动密集型产业，如基础能源生产、金属和非金属加工、食品饮料加工等，处于制造业价值链的低端。在新的经济发展形势下，贵州制造业要改变现有的粗放型经济发展模式，走出一条经济效益好、资源消耗低、环境污染少、人力资源得到充分发挥、各地协调发展的新型工业化道路，则一定要加快制造业商业模式创新的进程。

（三）制造企业创新升级增强贵州制造企业差异化竞争优势

传统制造业提供的有形物质产品容易被模仿和复制，降低了行业进入壁垒，使产品日益同质化，使企业进入日益激烈的价格战中，获利空间越来越小。众多的研究和企业实践表明，在传统的成本取胜的行业中，商业模式创新是创造差异化优势的重要手段。企业以顾客的个性化需求为基础，根据与顾客的互动结果调整产品设计可以创造产品的异质性，通过物流运输、销售等为顾客提供购买时的异质性，通过售后服务、产品升级维护等创造购买后的异质性。服务的相似度低，难以被模仿，企业通过向顾客提供购买前服务、购买时服务和购买后服务可以获取竞争对手难以模仿的差异化竞争优势。

制造企业通过创新升级取得差异化竞争优势的企业很多。例如，IBM（International Business Machines Corporation，国际商用机器公司）1911 年创立于美国，成立初期是一家单纯的计算机硬件制造商。20 世纪 90 年代初，由于计算机技术产业的激烈竞争加上公司的决策失误，IBM 公司经营陷入困境。1992 年，IBM 亏损 49.7 亿美元，这是当时美国历史上最大的公司年损失。之后，IBM 凭借着技术和经验方面的优势，经营业务从硬件提供转变为以提供软件和服务为重点，快速进入 IT 服务市场，先后推出了“四海一家的解决之道”“IBM 就是服务”“电子商务随需而变”“智慧地球”等服务战略。经过十多年的发展，IBM 真正实现了向“硬件、网络和软件服务的整体解决方案供应商”的转型。IBM 的服务化转型创造了一种新的商业模式，这种模式面向复杂系统，根据客户需求进行专业的系统设计，建立了一个集全业务的一体化综合服务体系，业务涉及战略阶段的问题分析和战略规划、研发设计阶段的方案设计和核心软硬件产品开发、实施建设阶段的人才培训和业务外包等。目前，IBM 的业务遍及 170 多个国家和地区。

通过上节内容分析可知，贵州制造企业目前面临着严峻的竞争，依靠产品价格优势取胜的制造企业的利润空间越来越窄。而创新升级将给贵州的制造企业带来一片“蓝海”，通过差异化竞争优势，实现贵州制造企业的可持续化。

（四）制造业创新升级促进贵州经济的高质量发展

贵州制造业是在传统军工基地的基础上发展起来的。落后的产业理念和生产方式，使贵州制造业竞争力非常弱，这也严重影响了地方经济的高质量发展。目前，国家提出要走新型工业化道路，其特点是科技含量高、经济效益好、资源消耗低、环境污染少、人力资源得到充分发挥，要求处理好生产与资源、发展与环境之间的关系，做到资源节约和环境友好。贵州制造业要响应国家的新型工业化政策，就要改变原有的高投入高消耗的粗放式经济增长方式。

贵州制造业经过近几年来的加速发展，培养了部分具备一定市场竞争力的制造企业，在贵州区域经济发展中起到了重要作用，但同时也逐渐凸显出一些制约其持续发展的问题。转变原有的粗放式增长方式、增加高附加值的生产、提升企业的市场竞争力等成为贵州制造业高质量发展必须要解决的问题。

第十章

贵州制造企业创新升级的环境分析

一、贵州制造企业创新升级面临的国内外环境

（一）贵州制造企业创新升级面临的国际环境

第一，全球经济复苏进程曲折，放缓了制造业的发展。从全球市场来看，新兴市场正成为全球制造业的生力军，近年来，新兴经济体对全球制造业市场的增长贡献较大。中国、印度和东盟等国家和地区潜力巨大。但是，目前全球经济发展形势严峻，地域冲突不断，全球经济和消费需求增长乏力，经济发展速度总体放缓。经济增长速度下滑必然会影响到企业效益、居民收入和消费，从而影响到全球制造业的生产和销售，导致全球制造业发展放缓。

第二，全球产业结构调整，制造业竞争日趋激烈。金融危机后，全球金融危机对经济的重创使美国、英国和德国等发达国家重新认识到以制造业为主的实体经济的重要性，纷纷提出“再工业化”“重振制造业”和“工业 4.0”，大力发展先进制造业和高技术制造业，加快推进制造业智能化转型，重塑制造业竞争新优势，这在一定程度上引起了发达国家的资本和高技术制造的回流。而东南亚、南亚等低生产成本地区积极参与全球产业再分工，成为劳动密集型产业转移的承接地，加剧对全球产业要素资源的争夺，推动区域产业链的新一轮调整。因此，我国制造业发展面临发达国家和其他发展中国“双向挤压”的严峻挑战，国际市场竞争更为激烈。

第三，新一轮科技革命推动制造业历史性变革。而以新一代信息技术、数字技术、互联网、新材料和新能源等为代表的技术创新应用推动全球产业结构发生历史性变革。互联网、数字技术等已成为广泛融入经济社会系统的战略性人造资源。工业与互联网的深入融合即“工业互联网”、数字技术与工业的深度融合都已成为全球制造业优化制造流程、提升工作

效率并降低成本的重要资源。近年来，诸多发达国家和地区都在推行数字化转型战略，数字经济与实体经济融合发展也成为全球制造业创新发展的战略方向。

（二）贵州制造企业创新升级面临的国内环境

第一，中国经济发展进入新常态。中国经济发展正从高速增长转向中高速增长，经济发展方式正从规模速度型粗放增长转向质量效率型集约增长，经济结构正从增量扩能为主转向调整存量、做优增量并存的深度调整，经济发展动力正从传统增长点转向新的增长点。经济新常态下，中国宏观经济形势总体健康，为制造业发展带来了较大的增长空间。但是，资源和环境约束不断强化，劳动力等生产要素成本不断上升，投资和出口增速明显放缓，主要依靠资源要素投入、规模扩张的粗放发展模式难以为继。因此，调整结构、转型升级、提质增效成为贵州制造业现阶段发展的主要任务。

第二，政府部署全面推进实施制造强国战略。面临新的全球经济发展形势和环境，我国政府制定制造强国战略，并以《中国制造 2025》作为实施该战略的第一个十年行动纲领。明确中国制造业未来的战略任务和重点，强调提升自主创新能力、推进信息化与工业化深度融合、强化工业基础能力、加强质量品牌建设、全面推行绿色制造、推动重点领域突破发展、推进制造业结构调整、发展服务型制造和生产性服务业和提高制造业国际化发展水平。2020 年 9 月国务院又出台了《关于加快推进国有企业数字化转型工作的通知》，数字经济和实体经济发展被提升到国家战略层面。由此可见，智能制造、服务化制造、数字化制造已经是我国制造业要突破发展的重点领域，政府将引导社会各类资源集聚，推动优势和战略产业快速发展。

第三，制造业的开放步伐和国际化程度将进一步提升。随着国家“一带一路”建设和自贸区战略逐步实施以及鼓励外贸发展的相关支持政策相继落地，将大力推动我国制造产品、技术、标准和服务走出去，加快培育以技术、品牌、质量和服务等为核心的国际竞争新优势。

第四，能源和环境压力日益加大。能源紧张、环境污染等问题成为我国制造产业生产和销售的重要影响因素。国家提出要走新型工业化道路，其特点是科技含量高、经济效益好、资源消耗低、环境污染少、人力资源得到充分发挥，要求处理好生产与资源、发展与环境之间的关系，做到资源节约和环境友好。这都将促使高科技、绿色、智能化成为我国制造产业的重点发展领域。

二、贵州制造企业创新升级的 SWOT 分析

当今世界正经历百年未有之大变局，新一轮科技革命和产业变革深入发展，竞争环境的不稳定性不确定性明显增加。数字经济环境下，贵州制造企业的创新升级发展仍然处于重要战略机遇期，优势与劣势、机遇和挑战并存。

（一）贵州制造企业创新升级发展的优势

贵州制造企业创新升级发展具有良好的区位、交通、产业优势。首先，从区位优势来看，2012 年，中央就已经明确将贵州定位为西南重要陆路交通枢纽。贵州是西南地区交通枢纽省份，枢纽门户城市要沟通连接多个区域，要有很强的吸引力和辐射力，是西北、西南省区通往沿海的重要中转过境地区。此外，国家的发展战略更加倚重作为大后方的西南，贵州属于近海、近边、近江的省份，而且在“一带一路”、陆海新通道等战略中位置都比较关键。从国家的战略层面来看，贵州也是东南沿海地区和西南地区的连接点；从广东、重庆两地来看，贵州就处在一个核心枢纽的中间位置，是珠三角直接接壤大西南的门户。贵州作为东部沿海城市与大西南相连接的枢纽门户，国家正积极推动贵州深度融入大湾区和长江经济带

发展，还积极对接成渝地区双城经济圈建设。这些都对贵州制造企业的创新发展具有明显的区位优势。

其次，从交通优势来看，2019 年 10 月，交通运输部确定贵州省为第一批交通强国建设试点地区，目前，贵州的高铁、高速公路综合交通枢纽已经成型。贵州已经形成以贵阳为中心、沟通贵州各市县的公路网。截至 2015 年 12 月 31 日，贵州省提前三年实现 88 个县（市、区、特区）通高速的目标，成为西部地区第一个实现县县通高速的省份，也是全国为数不多实现这一目标的省份之一。全省高速公路通车里程超过 5100 公里，高速公路路网密度达到每百平方公里 2.9 公里，形成 15 个高速公路出省通道，与相邻省（区、市）形成两个以上高速公路通道。“十三五”期间，贵州交通预计投入建设资金 5000 亿元，到 2020 年，全省公路网总里程达到 20 万公里，其中，力争建成和在建高速公路里程达到 7400 千米以上，建成环贵州高速公路，形成 23 个省际通道，使网络结构更加完善、高速公路密度进一步提高，基本建成以高速公路为骨架、国省干线为支撑、县乡公路为脉络、通村公路为基础的公路网络体系。贵阳是中国西南地区的铁路枢纽，黔桂铁路、川黔铁路、贵昆铁路、湘黔铁路四条铁路干线以贵阳为中心贯穿贵州。2014 年 12 月 26 日，贵广高铁正式通车，贵州跨入“高铁时代”，实现了贵阳 4 小时直达广州市中心、2 小时直达桂林市的突破性变革，2015 年 6 月 18 日，沪昆高铁贵州东段的正式开通使贵州全面融入高铁网。贵州省第一条时速 350 千米的高铁贵南高铁于 2017 年 12 月 23 日开工建设。此外，贵州省民航系统已形成“一干九支”机场布局，干线机场是指贵阳龙洞堡国际机场，9 个支线机场分别是遵义新舟机场、遵义茅台机场、铜仁凤凰机场、兴义万峰林机场、安顺黄果树机场、黎平机场、黔南荔波机场、毕节飞雄机场、凯里黄平机场、六盘水月照机场。贵州已经成型的综合立体的大交通枢纽必然会提升贵州城市的吸引力和承载力，让更多珠三角和大西南的各种资源要素在贵州各地集聚运转。

最后，从产业发展优势来看，贵州是大数据产业发展的全国首个大数据综合试验区，在这里，大数据和制造业融合发展也正在有序开展。贵州不仅拥有大数据产业发展的先决优势，还拥有丰富的矿产资源和传统制造优势资源。这些都将成为打造制造业产业聚集区和产业园区的底气。贵州还将采取数字产业聚集的园区布局。此外，基础设施的大幅改善，一些工业项目的上马，贵州原有的电力、自然资源优势逐渐转化为工业项目，将拉动当地工业经济快速增长。总体来看，贵州目前已经基本具备制造业创新升级的产业的配套能力和产业聚集基础。

（二）贵州制造业创新升级发展的劣势

贵州制造业创新升级发展的劣势主要表现在人才、知名度、创新能力、研发能力等方面。

首先，贵州制造业要实现创新发展，劣势之一在于高端专业人才的缺乏。目前，贵州制造业从业人员的技术水平不高，高端人才存在不足。尽管贵州地处粤港澳与大西南连接的枢纽门户，但属于欠发达的地区，与沿海以及成都、重庆等一、二线城市相比较，经济发展相对落后，生活条件相对较差，这对高层次人才特别是高层次管理和研发人才吸引力不强。高层次人才普遍抱有去经济发达的一线大城市和大公司任职念头，对在二、三线城市的工作不感兴趣。再加上一线生产工作人员流动较快，流失较多，难以支持和保障企业扩大再生产需要，在一定程度上影响和制约了贵州制造业的创新升级发展。

其次，贵州制造业升级发展还存在知名度不高、吸引力不大的劣势。贵州近几年才开始部署制造业创新升级的战略行动，比起珠三角、长三角等制造业产业聚集区、产业园区等，贵州制造业的聚集区和产业园还缺乏知名度和影响力，并且较大行业影响力和先进的制造企业较少。尽管贵州近年来引进了部分国际国内知名的制造企业入驻贵州，但是主要还是从事零部件生产等低端产业链，但这对贵州制造产业的发展仍然缺乏支撑。

再次，贵州制造业的产业聚集和数字化创新能力不足。截至2019年贵州现有规模以上的制造企业仅不到4000家，从产业链上下游的研发、制造、营销与配送、品牌管理等相关环节的能力建设角度看，贵州制造企业的研发设计、渠道管控、品牌管理等高端环节能力还较弱，全省制造产业的集聚深度有限。此外，贵州制造企业的数字化程度还相对较低，还有较大的提升空间。目前，贵州现有规模以上工业企业数量只占全省工业企业的2.7%，而高新技术企业数量占全省制造企业的比重也很小。

最后，贵州传统的制造企业整体技术水平和研发能力薄弱。贵州还存在大量的制造企业处于粗放式发展模式，还处于制造产业链的中低端环节，产品附加值低。目前，只有极少数制造企业能达到先进技术水平，大多数制造企业的创新能力和研发投入强度相对薄弱，关键零部件原材料和关键元器件仍依赖国外，这将制约贵州本地制造品牌企业的创新升级发展。

（三）贵州制造业创新升级发展的机遇

首先，贵州制造业创新升级发展具有巨大的政策机遇。一是我国推动产业高质量发展，把科技作为国家发展战略的支撑。党的十九届五中全会提出要以推动高质量发展为主题，把新发展理念贯穿发展全过程和各领域，坚持创新在我国现代化建设全局中的核心地位，把科技自立自强作为国家发展的战略支撑。我国正以大力推进实体经济与数字经济融合发展的行动战略，中央在政策上积极推进贵州大数据和制造业的创新融合发展。2012 年中央发布的《关于进一步促进贵州经济社会又好又快发展的若干意见》中，就将贵州定位为：全国重要的能源基地、资源深加工基地、特色轻工业基地和以航空航天为重点的装备制造基地。2022 年 1 月 26 日，国务院印发《关于支持贵州在新时代西部大开发上闯新路的意见》，明确了贵州西部大开发综合改革示范区、内陆开放型经济新高地和数字经济发展创新区等战略定位。中央的多项政策支持贵州发展，都为贵州加快制造业转型升级创造了新的机遇。

二是贵州正坚定不移推进数字经济发展，大力实施新型工业化战略，着力振兴实体经济，加快建设现代化基础设施。贵州省政府正在积极推动新型工业化发展，具体体现为：贵州近年来正加快推进“双千工程”，即加快“千企引进”和“千企改造”工程，努力推进贵州制造业高质量发展。贵州省正大力实施“强省会”五年行动，要求充分发挥开发区工业经济主战场的载体作用，强力提升工业经济的规模、质量和效益，着力打造富有贵州特色、契合时代特征、具有特殊重要地位的新型工业化体系。

三是贵州省政府正加大工业投资倍增行动。2021 年 12 月，贵州省政府印发《贵州省扩大有效投资攻坚行动方案（2021—2023 年）》，明确贵州将围绕“四新”主攻“四化”，加快建设现代化产业体系。加快推进工业投资实现倍增被列为全省投资攻坚行动首要的重点任务，力争在 2021—2023 年，全省工业投资占比提高到 30%，全省工业投资累计完成 8500 亿元以上。2022 年 4 月，贵州省印发《支持工业领域数字化转型的若干政策措施》，支持工业领域数字化转型。

四是各级政府在用地、税收、财政和服务方面给予制造业升级发展较大的政策优惠。

其次，贵州正积极推进与各区域紧密合作共建。贵州作为西南地区与东部沿海地区的重要节点，作为全国首批大数据综合试验区，是汇聚东西部经济要素的战略要地。贵州正积极推进粤黔、苏贵合作，引进广东、苏州等地区优质项目落地贵州。

最后，贵州正突出抓好数字经济发展，着力构建现代产业体系。贵州坚持工业优先，立足工业主阵地，做大做强工业经济，切实改变产业发展“小、散、弱、粗”的落后现状。（1）加快产业转型升级，强化工业领域智能制造、数字化改造，其中，中航贵飞教练机生产流程系统化改造和吉利发动机改造等被列为重大建设项目。（2）加快创新技术转化。重点加快形成一批以高新技术为引领的产业集群。（3）加快产业链补链延链强链，通过完善上下游产业链，带动形成投资“链式”效应。（4）加快园区提质增效。以开发区（园区）为载体，按照项目集中、产业集聚、资源集约的要求，加快形成包括大数据电子信息产业集聚区和高端装备制造及应用基地等“两区六基地”产业集群等多个领域的产业集聚区。航天江南智能制造基础件产业集群、振华集成电路产业园、宁德时代新能源电池材料等被作为重点建设的重大项目。

（四）贵州制造业创新升级发展的挑战

贵州制造业创新发展在面对政策推动、区域合作发展加强和产业体系构建大力实施机遇的同时，也面临着诸多挑战。

首先，疫情形势严峻、经济增速放缓和贸易摩擦等对贵州制造业创新升级发展带来不利影响。2020年新冠疫情暴发以来，贵州计算机电子信息等制造行业的发展受到了较大程度的影响。在我国经济面临较大的下行压力下，对贵州的经济规模增长、高水平对外开放等都带来较大挑战。2020年，受疫情的影响，是我国经济非常困难的一年，这一年，我国GDP实际增速仅仅达到2.3%，2021年中国GDP增速达到了8.1%，但这一势头并不会一直延续。2022年全国两会上李克强总理在政府工作报告中预期中国2022年GDP增速为5.5%左右，近年来，我国GDP增速明显持续放缓。受经济紧缩影响，贵州制造业智能化、数字化改造升级投资项目的整体发展形势不容乐观，长远来看，这势必对贵州制造业的创新升级发展带来挑战。

其次，本土制造企业竞争激烈。随着市场发展，我国各地也积极推进制造业的升级转型，并且已经涌现出一批优秀的制造企业，它们或与整车企业密切相关，或依靠自主研发取得技术突破，或通过海外收购迅速完成经验累积和市场开拓，此外，珠三角和长三角等地区已经具有强大的制造产业基础，加之成都、重庆等地也在大力主推制造企业的创新升级，这使我国本土制造企业之间形成激烈的竞争，众多制造产业聚集区和产业园区如果同质化严重，势必形成价格战，这将对贵州制造业的产业聚集区和产业园建设带来挑战。

再次，贵州制造企业的科技创新仍存在一些紧迫问题，目前，多数制造企业缺乏自主可控关键核心技术和具有引领性的创新产品，这些企业在攻克电子信息、航空航天、新材料等基础领域的关键核心技术方面仍然具有较大挑战。

最后，西方国家制造业的复兴和向东南亚国家转移。制造业发达的西方国家纷纷制定以重振制造业为核心的再工业化战略，希望借助高端制造业回归从而实现制造业全面复兴；而越南、印度等东南亚国家依靠资源和劳动力优势开始承接劳动密集型制造业的转移，跨国资本和发达国家直接到这些新兴经济体国家投资设厂，并考虑将珠三角、长三角等地区的零部件制造工厂迁至这些新兴国家。贵州原本作为这些零部件制造的承接地也受到影响和挑战。

综合来看，贵州制造业的创新升级发展存在区位、交通、产业优势，但高端研发技术人才不足、园区知名度不高、产业集聚深度和创新能力不足、传统制造企业整体技术水平和研发能力薄弱等劣势不能忽略；同时，贵州制造业的创新升级发展正面临中央和贵州省政府的政策支持、各区域紧密合作共建正积极推进、着力构建现代产业体系等机遇，但同时也面临疫情形势严峻和经济增速放缓、本土制造企业竞争激烈、西方国家制造业的复兴和代工生产向东南亚国家转移等严峻挑战。从贵州制造业创新发展的 SWOT 分析（见图 10－1）来看，贵州制造业创新升级发展的优势与劣势并存，机遇与挑战同在，必须深刻地认识自身优势和劣势，抓住机遇，面对挑战，才能够推进贵州制造业的创新升级发展。

优势（S） 1.大西南枢纽门户的区位优势 2.高铁、高速公路综合交通网络成型的交通优势 3.大数据产业发展的先决优势	劣势（W） 1.高端研发、技术人才缺乏 2.制造业产业聚集区和产业园知名度不高 3.制造业产业创新能力不够 4.制造企业技术研发能力薄弱
机遇（O） 1.中央和贵州省政府出台多项政策推动贵州制造业创新发展 2.各区域合作共建正积极推进 3.正着力构建现代产业体系 4.数字经济发展的优势	挑战（T） 1.疫情形势严峻和全国经济增速放缓 2.本土制造企业的竞争激烈 3.西方国家制造业复兴与代工生产向新兴国家转移

图 10－1　贵州制造企业创新升级发展的 SWOT 分析

总体来看，中央构建新发展格局、推进新时代西部大开发、推动共同富裕，为贵州工业的后发赶超带来了重大机遇；中央大力推进“一带一路”建设、长江经济带发展、粤港澳大湾区建设、成渝地区双城经济圈建设，为贵州对外开放提供了有利条件；贵州特色产业、基础设施、资源能源、生态环境等方面优势凸显，为贵州制造业的高质量发展奠定了坚实基础。概括起来，贵州制造企业的创新升级发展面临我国发展仍处于重要战略机遇期、新发展格局加速构建期、区域发展战略叠加带动期、西部陆海新通道加快建设期的重大机遇，具有新格局中的交通枢纽优势、新理念中的特色产业优势，为“十四五”乃至更长时期发展创造了有利条件。

同时，也要清醒看到，贵州发展不平衡不充分问题仍然突出，经济发展水平、工业化和城镇化水平、基础设施和基本公共服务水平、创新能力、人才支撑水平和营商环境水平仍有差距，产业链供应链不健全，县域经济不强等仍存在短板弱项。

综合而言，贵州制造企业具有较大的创新发展提升空间，尽管贵州制造企业创新发展优势与劣势、机遇与威胁并存，贵州制造业要抓住“十四五”时期的机遇，按照中央和省委省政府的战略部署，强化创新驱动理念，通过发挥资源、区位和产业优势，规避技术、人才等劣势，从而迎接新技术和新环境对贵州制造企业带来的挑战，从而实现贵州制造企业的创新升级发展。伴随新一轮科技革命和产业变革深入发展，数字经济、智能经济、平台经济势头迅猛，大数据成为新的创新发展驱动力，科技园区成为孕育先进生产、生活方式的最佳场地。贵州应当进一步充分发挥战略叠加优势和大数据、电子信息产业发展优势，加速汇聚资源要素，率先切入数字科技领域，推动制造企业转变发展方式，为制造业高质量发展提供更加强有力的支撑。

第十一章

贵州制造企业创新升级的典型案例

制造业是贵州经济发展的重要支撑，制造业高质量发展是贵州“十四五”期间主要的攻坚任务。2021 年以来，贵州全省坚持以高质量发展统揽全局，深入实施三大战略行动，工业经济高质量发展取得明显成效。2021 年贵州省上半年经济工作会议明确，下半年全省攻坚行动的主要任务是围绕“四新”主攻“四化”，要实现贵州工业经济的奋力攻坚，要推进全省经济的现代化建设必须运用现代化思维方式，要实现贵州全省经济的高质量发展必须以高质量的工作标准为基础。

制造业能否实现高质量发展，是实现贵州全省“十四五”期间工业经济攻坚任务的关键。“十四五”期间，贵州正加快数字化发展，推动互联网、人工智能、大数据与制造企业深度融合，具有贵州特色的现代工业体系正在逐步形成。2021 年上半年，贵州全力推动产业数据化，通过“千企改造”工程和“万企融合”行动，切实推动了数据对贵州实体经济产业的赋能作用，制造业发展呈现良好态势，贵阳高新区、经开区和贵安新区等在工业和数字经济融合发展上成效显著，并且呈现出诸多制造企业创新升级的典型案例。

一、贵州制造企业创新升级的实践

贵阳高新区、贵阳经开区和贵安新区作为贵州经济改革的先头兵，在工业和信息化发展、数字经济发展中都走在全省前列，近年来，特别是贵州提出数字经济和实体经济融合的发展战略后，制造企业在创新升级中呈现了诸多示范企业和示范项目。

贵阳高新区大力推动大数据与制造业融合，在全省“万企融合”行动中勇于担当，并积极参与实施贵阳市“三千工程”。经过近几年的努力，贵阳高新区的制造企业呈现出良好的网络化、数字化和智能化态势，先后培育了多个“两化融合”和“智能制造”典型试点示范项目。这些典型项目包括林泉电机公司的精密微特电机两栖空间、航宇科技公司的航空锻造智慧工厂和雅光电子汽车的高效智能整流模组自动化生产线等，诸多示范项目中，有3个成功入选国家级智能制造试点示范项目，还有13个成功入选贵州省工业企业智能制造试点示范项目。此外，贵阳高新区还将新能源汽车、先进装备制造和大数据电子信息作为主导产业重点发展。目前，在实施全省工业倍增行动中，已经打造出4个百亿级制造产业集群，包括航空航天装备制造、电子元器件及产品、新能源汽车和动力电池，在贵州省力抓的“强省会”五年行动中，高新区表现出了排头兵作用。

贵阳经开区作为全省工业大区，借助数字经济和实体经济融合的契机，也正加速工业智能化转型。目前，贵阳经开区打造的工业互联网平台成功对接上千余家工业企业，并针对百余家企业形成了智能化转型的实施方案。2020年，贵阳经开区与百度联合成立了贵州百讯智汇公司，基于人工智能和云计算，聚焦先进制造业转型升级，构建了制造业的“云智一体”竞争优势。2020年，贵州数安汇公司依托大数据产业，建设了全国首个区域级工业互联网平台，该平台聚焦先进装备制造领域，推进大数据和制造业融合发展，助推经开区制造企业的智能化和数字化升级。经开区基于数安汇的工业互联网平台，孵化出人工智能品牌“开物”，为制造企业、产业链和区域产业集群提供智能制造的整体解决方案。例如，贵州航天电器、贵州劲嘉新型包装材料、奇瑞万达等近140家制造企业都先后完成了工业互联网基础设施项目建设，加入工业互联网平台的制造企业，通过网络云端接入设备和数据共享，形成了集生产、研发、质检、营销、培训、安全管理等为一体的综合服务平台。

贵安新区也主攻制造业和数字经济融合发展，在制造业数字化转型中表现突出，实现制造业从中低端向中高端智能制造的转型。目前，贵安新区已经带动大批制造企业与大数据深度融合，并实施了140余个大数据与实体经济融合应用的项目。高端装备制造业是贵安新区的发展重点，近年来，贵安新区聚焦高端装备制造、新能源汽车和航空航天三大产业，构建制造业产业生态集群。例如，达沃斯光电、吉利汽车、福爱电子等企业都通过建设智慧生产线，实现了自动化和智能化升级。此外，航空航天产业园、智能生产产业园等都在有序建设中。同时，贵安新区还聚焦装备制造和医药制造等领域，建立了大数据和制造业深度融合的培育调度库，2020年实施了振华群英数字化制造业系统、航宇科技航空航天关键零部件智能制造系统平台等多个智能化改造项目。贵州航天电器公司基于云生态的供应链管理平台等3个项目，还入选了2020年工信部评选的全国企业上云典型案例。

二、贵州航宇科技的创新升级实践

(一) 贵州航宇科技简介

2006年9月，贵州航宇科技发展股份有限公司（简称航宇科技）注册成立于贵阳高新区，专门从事先进锻压技术与工程应用研究。目前也是国内从事航空军品环形锻件制造唯一的民营企业。公司愿景是着力打造数字化智慧工厂，成为国内先进锻压技术应用研究的领跑者和国际领先、国内一流的航空发动机环件制造中心。航宇科技的产品主要应用于国内外航空发动机、燃气轮机、航天运载火箭、导弹、船舶和新能源高端机械装备等领域。

航宇科技作为国家高新技术企业，是制造企业创新发展的典范。其被授予的国家级殊荣包括：国家智能制造试点示范企业、工业企业品牌培育示范企业、首批“专精特新”小巨人企业、全国中小企业创新100强、全国中小企业“十大”成长之星；被授予的省级殊荣包括：贵州省创新领军培育企业、技术创新示范企业等。经过多年的努力，航宇科技相继成为美国通用电气、普惠、英国Rolls－Royce等全球六大航空发动机制造商的合作伙伴。2021年7月，公司成功登陆上海证券交易所，也是贵州首家在科创板上市的企业。

（二）贵州航宇科技的发展历程

航宇科技自成立以来不断突破自我，经过十多年的发展，目前已成为我国航空发动机环形锻件的主要研发制造单位。从成立至今，航宇科技一直致力于持续创新和自我突破，取得了显著的成绩，公司发展历程大致经历了成立、启航和创新三个阶段（见表 11－1）。

表 11－1　　　　贵州航宇科技发展的三阶段

阶段	典型事件
第一阶段：成立阶段 2006—2009 年	2006 年 9 月贵州航宇科技发展股份有限公司注册成立，注册资金 1.4 亿元。在这期间，航宇科技一直处于生产线建设、试产、质量认证和质量体系搭建阶段
第二阶段：启航阶段 2009—2017 年	2009 年生产和智联体系搭建完成后，贵州航宇科技正式启航发展，直至 2017 年，航宇科技公司在研发、生产、品牌建设和国际化战略方面取得了可喜的成绩
第三阶段：创新阶段 2017 年至今	2017 年贵州航宇科技承接“中国制造 2025”，开始智能化改造，布局智慧工厂建设，由此开始进入创新发展阶段

资料来源：根据贵州航宇科技公司官网 http：//www. gzhykj. net/cn/Index. aspx 相关资料整理。

第一阶段：2006—2009 年，是航宇科技的成立阶段。

2006 年 9 月，贵州航宇科技发展股份有限公司正式注册成立于贵州贵阳高新区，注册资金 1.4 亿元。注册成立后，航宇科技公司开始进行生产线建设，历时 10 个月，锻造热处理生产线建成。随后，8MN 快锻液压机组进入试产阶段，同时，公司还稳步推进质量认证和质量体系搭建工作，先后通过 ISO9001、GJB9001A、AS9100B 质量管理，ISO14000 环境管理，OHSMS18000 职业健康安全管理，以及 GJB9001、GB/T19001、GB/T24001、GB/T28001 认证审核。直至 2009 年，航宇科技公司的航空锻件质量体系搭建完成。

第二阶段：2009—2017 年，是航宇科技的启航阶段。

2009 年航宇科技的生产线和质量体系完全搭建完成，经过试产运行后，公司正式进入启航发展阶段。在这一时期，航宇科技迅速发展，并且开启了国际化战略之路，无论是研发、生产、品牌建设还是国家化战略，都取得了可喜的成绩。经过几年的发展，航宇科技完成了由产品实力竞争向包含研发、生产和知识创新体系综合竞争的过渡。

在研发方面，航宇科技几年来持续在制作工艺和技术研发上取得突破性进展。2011 年航宇科技产学研的经营模式初见成果，公司“航空发动机用环件超临界制造技术研发及产业化”项目获批立项；2013 年公司试制完成当时国内最大重量为 5.2 吨的大型整体异形环形锻件，在难变形高温合金大型锻件制造工艺上取得了突破性成绩；2014 年公司攻克了 8 级晶粒度 GH4169 盘件一次锻造成形的技术难题；2016 年公司实验室体系获得《国防科技工业实验室认可委员会认可证书》和《中国合格评定国家认可委员会实验室认可证书》。

在生产方面，航宇科技的生产线建设和生产项目建设有序推进。2011 年，公司投资 2 亿元，建设轧制力当时亚洲第一的环锻生产线，覆盖产品尺寸直径 5 米以下、高度 1 米以上的各类材料环形锻件；2013 年，公司某系列环形锻件试产成功，并获得了第一个军工环锻件批产订单；2017 年以来，航宇科技又开展了“民用航空发动机用机匣环件精密制造技术产业化技术”改造项目，新增 3500 吨胀形机等高技术设备、新建一条民用航空发动机用机匣环件精密制造生产线，并全线投产。

在品牌建设方面，公司先后获得多项高级别荣誉和众多发明专利，为企业品牌知名度提升奠定了基础。2011 年，公司通过装备承制单位资格审查；2012 年，成为贵州省知识产权培育企业；2014 年，又被确定为全省首批创新型领军企业；获得 2017 年度中国航发商“优秀供应商”奖，而后又以“锻件成形方法（718Plus 合金）”荣获第二十届中国专利优秀奖，公司至今已获得发明专利近 50 项。

在国际化战略方面，航宇科技经过努力，相继成为 GE、普惠、罗尔斯·罗伊斯、赛峰、MTU、霍尼韦尔全球六大商用航空发动机制造商的合作伙伴。2010 年，航宇科技在国际化战略道路上发展出第一个外贸客户，与铁姆肯（无锡）轴承签订长期合作框架协议。从 2013—2017 年，历经四年，航宇科技一直在国际化战略道路上努力突破。2013 年，公司通过美国 GE 航空公司锻造和热处理工艺的审核；2014 年 5 月，成为国内首获 GE 航空高温合金锻件首件包的企业；2015 年 9 月 5 日，顺利通过 GE 的首件包交付审核；2015 年，顺利获得美国 GE 航空 Leap 发动机多项锻件供货资格；2017 年 2 月 19 日，与美国 GE 航空公司签订“五年长协”，成为 GE 航空公司在亚太地区唯一的一家本土供应商。至此，贵州航宇科技的业务在国际市场上取得了突破性进展。

第三阶段：2017 年至今，是航宇科技的创新阶段。

作为首批贵阳市工业升级转型试点企业，自 2017 年开始，航宇科技在发展道路上开启了数字化和智能化创新升级之路。2017 年公司启动“航空锻件智能制造试点示范项目”，这也是“中国制造 2025”和“互联网 +”国家战略指引下的实践项目。也就是在这一年，航宇科技开始从启航发展阶段进入创新发展阶段。

2017 年，航宇科技借助被列为贵阳市首批工业转型升级试点企业和高新区“大数据智能制造”示范企业的机遇，依托“大数据 + 智能制造”新建了一条民用航空发动机用生产线，该生产线用于机匣环件精密制造。同时，航宇科技还与西北工业大学合作，建立了“航空产品精密碾轧数字化管理平台”和“航空数字化智慧工厂”。2019 年，公司建成了首个国内航空用金属材料热工艺和材料特性数据库，从而在国内率先实现了智能化和数字化的航空产品锻造过程。

公司正在建设的“大数据智能制造”数字化智慧锻造工厂，建设完成后将使航宇科技率先领跑世界先进锻压技术的应用研究。2020 年，公司被评为第 27 批国家级企业技术中心，同年，贵州省大数据发展管理局将贵州航宇科技公司的“航空锻件数字化智慧工厂”项目确定为省大数据重点项目，航宇科技智能制造协同平台项目也同步启动。

基于之前在国际业务市场上取得的突破性进展，航宇科技继续推进国际化战略。2018 年，公司赢得 GE 总部总额第二大的 GE9X 环锻件包竞标，正式为世界最大的商用航空发动机提供环锻件，这再次彰显了航宇科技的高端装备配套能力。此外，2017—2019 年，公司先后与世界知名航空发动机制造商德国 MTU 公司、英国罗尔斯·罗伊斯公司、美国普惠公司签订长期合作协议，至 2019 年，航宇科技已成为世界商用发动机所有主制造商的合作伙伴。

贵州航宇科技在不断创新中寻求自我突破，在数字化改造和智能化建设方面取得了卓越的成绩，2021 年 7 月 5 日，公司在上海证交所科创板正式挂牌上市。航宇科技的数字化创新之路正扬帆起航，公司创新方向明确、创新决心坚定、创新动力十足，未来，贵州航宇科技还将在创新之路上不断突破自我，创造更多成绩。

（三）贵州航宇科技的创新升级实践

航宇科技定位于世界一流零部件供应商，先进锻压技术研究的领跑者，专业化从事高端设备环锻件生产。近年来，航宇科技紧跟数字经济和数字技术的发展步伐，持续推进商业模式创新。公司倡导以客户需求为导向的质量文化，以产品差异化作为发展主战略，近年来，大力推进智能制造，通过持续的产品研发、生产和服务等方面的创新与优化，提出了全新的航空环锻件智能化锻造方案，通过信息化 + 数字化融合，实现大数据 + 智能制造的全新高端产业化发展模式。

1. 研发创新：产学研一体化智能研发平台与仿真实验室

就研发创新而言，航宇科技近年来与国内多所大学和科研院所建立合作伙伴关系，以及与国内多名院士合作建立院士工作站，紧紧围绕国家重大装备急需解决的瓶颈，攻克了一批具有前瞻性、共性的关键技术。航宇科技合作的高等院校包括西北工业大学、浙江大学、重庆大学、北京科技大学和贵州大学等，合作的科研院所包括北京航空材料研究院、中国科学院热物理研究所、中国科学院金属所和北京钢铁研究总院等。

同时，航宇科技还相继与以色列电热等国外锻造知名设备商、清华大学洛阳基地等联合，围绕信息化加码、智能化赋能、产业化发展等方面创新攻关并取得了重大突破，实现了设计数字化、技术智能化、生产可视化和管理数据化的“四位一体”有效集成，构建了一套集产品全生命周期管理于一体的航空产品数据化管理平台。此外，航宇科技还建设完成智能模拟仿真实验室，通过智能模拟仿真助力航空发动机环锻件新品研发，缩短了新产品的研发周期。另外，航宇科技还建设成功首个国内航空用金属材料热工艺和材料特性数据库。

2. 生产创新：数字化、智能化改造和建设

随着国内订单和国际订单的逐步攀升，航宇科技明显感觉到现有的研发和生产能力无法承接激增的国际订单。2015 年，航宇科技就开始了生产线工序的数字化改造，航宇科技也是国内率先实现数字化和智能化航空产品锻造全过程控制技术的企业。航宇科技经过生产线的智能化改造之后，通过生产、质检、理化测试的数字化控制全过程，实现了自动化采集设备运行数据信息和数字化管控的锻造工序过程。

锻造温度的精准控制对提升锻造产品质量而言非常重要，因此，航宇科技高度重视生产线炉温控制系统建设。航宇公司以前采用传统的生产方式，生产炉的温度主要靠人为控制，难以达到精准控制温度，极易导致锻件报废，非常浪费生产原材料。为此，航宇科技在原生产线上基础上进行智能化改进，通过建立远程炉温监控系统，从而拥有了目前国内最为先进的智能化炉温监控系统采集中心。智能化炉温监控系统实现了对锻造、热处理等加热过程的全系统控制和监控。改进后的生产车间显示屏，对生产钛合金环锻件、高温合金锻件的所需温度信息，以及生产线上锻件的各种实时信息同步动态显示，工人在生产过程中随时能够查看生产的多种数据，随时根据数据调整生产工艺。航宇科技通过生产线的数字化和智能化改造后，实现了产量、质量提升和能耗降低，同时满足了国内和国际市场的需求，进而助力企业迅速抢占国际市场。

2017 年，航宇科技开始建设“航空数字化智慧工厂”。早在航宇科技一期厂房的设计规划中，企业就考虑到未来发展，一期厂房中的每台关键设备都相应配备了数据接口和终端机。那时进行的前期基础建设就为未来几年将进行的航空锻造数字化智慧工厂的建设提供了基础条件。航宇科技的智慧工厂作为全国首个“大数据智能制造”的锻造车间，使公司在国内率先逐步实现航空产品锻造过程的数字化和智能化，这使得公司成功实现领跑世界先进锻压技术应用和研究。

2021 年，航宇科技发还投资 6 亿元建设国内首家航空环锻件智能化产业基地。该航空环锻件智能化产业基地将形成粗加工生产线、无损检测线、立体智能仓库、航空环锻件研究院、NADCAP 实验室等全流程配套体系，运用航宇科技长期积累的航空材料工艺技术，能够首次实现航空热加工企业运营及管理的数字化、智能化，实现整个制造过程的控形控性，可以实现热加工企业制造全过程的可控化、变形过程的数字化，以及材料和能源的节约化。

（四）贵州航宇科技创新升级的效益

1. 企业经济收益增加

2018 年以来，公司进入全面发展的快车道，营业收入和利润大幅增长，2018 年公司营业收入为 3.33 亿元，2019 年为 5.89 亿元，2020 年为 6.71 亿元。2021 年上半年，航宇科技同样交出了一份亮丽的收益成绩单，上半年实现营业收入 4.02 亿元，同比增长 39.84%，实现净利润 6188.63 万元，同比增长 102.82%（曾帅，2021）。

此外，2022 年航宇科技计划建成投产的国内首家航空环锻件智能化产业基地，经测算，该项目基地建成达产后，将实现年营业收入 11 亿元，年均净利润 1.8 亿元。

2. 企业生产成本和能耗降低

传统制造业一般通过技术工人控制产品生产和质量检测，人工误差必然存在，种种人为因素和误差的存在必然影响整个生产线的产品生产和质量的精准度。此外，传统制造业的产品设计依靠人工，产品的可靠性需要研发设计人员反复多次试验进行验证。传统的人工方式常常会因为一个环节的设计不合格就全部重新来过，这样不仅设计周期长，而且非常浪费原材料，生产成本会很高。

贵州航宇科技大力投入科技研发，与多个高等院校、科研院所和院士合作，建设智能数据库、研发基地和智能模拟仿真实验室，材料利用率提高到原来的4倍左右，比过去提升了8%—35%，实验用原材料比原来节省了25%，不仅节约了材料，还减少了能耗，实现了“绿色锻造”。

3. 企业生产效率提高

近年来，航宇科技产值快速增长，公司产值屡创新高，2019年度生产任务首次实现“时间任务双过半”，2019年7月15日，月度生产任务首次实现“时间任务双过半”，公司生产工作逐步向均衡生产过渡。

航宇公司取得的成绩与公司的数据化和智能化改造不可分割。生产线智能化改造之后，生产精细化、智能化水平不断提高，过去在生产线上独立的数据都共享在系统操作平台上，通过智能化实时监控每一台设备的运行情况是否正常，在该平台上可以清晰明了地了解产品的生产效率和优良品率等。智能模拟仿真实验室建设后，新产品的研发设计周期比过去缩短了接近4个月，产品的合格率也从过去的接近九成提高到几乎99%，而产品的生产效率则上升到55%以上（天眼新闻，2019）。同时，生产线智能化改造之后，航宇科技关键设备的数字控化率也达到了98%以上。

4. 产品质量和生产效能提升，企业与客户的关系深化

传统的制造企业一般重视产品的一次性销售收益，但贵州航宇科技转变传统的获利理念，不断提升公司的核心竞争力，强调以差异化、高品质的产品满足用户需求，从而给客户创造更多的价值。这样不仅深化了企业与客户的关系，而且使企业获得了更多额外附加值。

“航空环锻件柔性智能生产线”的建设，实现了航空环锻件的柔性智能制造，解决了传统热加工企业制造过程中靠经验、拍脑袋的“痛点”问题，消除了人为环节对产品质量的影响，大幅度提升了企业的产品质量和生产效率，为向客户提供大量高品质、低成本的产品提供了保障，为企业的高质量、可持续发展奠定了基础。

大数据的运用，使生产过程中就能远程控温，及时地监控和分析热炉温度，保证了生产过程中更加精准地记录数据，提高了公司产品质量。公司凭借先进的技术水平和高可靠性的产品，与全球世界商用发动机所有主制造商都签订长期合作协议，相继成为美国通用电气、普惠、英国罗尔斯—罗伊斯等全球六大航空发动机制造商的合作伙伴，分别签订了5—10

年的长期协议。例如，2017 年 2 月 19 日与美国 GE 航空公司签订“5 年长协”，成为其亚洲唯一的大中型机匣环锻件供应商。2017 年与德国 MTU 公司达成长期合作协议。2019 年还与美国普惠公司签下了“10 年长协”（吴一凡，2021）。

5. 企业知名度和品牌价值增值

贵州航宇科技通过商业模式创新，以先进的技术和高品质产品，荣获了诸多殊荣，不仅提升了企业知名度，还实现了品牌价值增值。

近年来，航宇科技获得了很多荣誉，相继被评为贵州省创新型领军培育企业、贵州省技术创新示范企业、贵州省产学研结合示范基地、贵州省智能制造试点示范企业、贵州省诚信示范企业、全国中小企业创新 100 强、国家工业企业品牌培育示范企业、全国中小企业“十大”成长之星、国家智能制造试点示范企业、国家首批“专精特新”小巨人企业等。2021 年 7 月，公司成功登陆上海证券交易所，成为贵州省首家科创板上市企业。

航宇科技还是为美国通用电气公司的航空商用发动机提供环形锻件（高温合金高压涡轮机匣）的亚太地区唯一企业。不仅如此，意大利、韩国、英国、瑞典等也都已经成为航宇科技的产品出口目的地。航宇科技还成为亚太地区唯一具备供方资质的全球六大商用航空发动机公司的长期供应商。

航宇科技公司还依托自身拥有的多个技术研究中心和实验室等不断进行技术研发的突破，包括“先进锻压工程技术研究中心”“特种合金精密锻造工程研究中心”“省级企业技术中心”“省级企业院士工作站”“宇航材料联合实验室”“航空锻造全流程数字模拟实验室”“国家级企业技术中心”等成果转化平台，公司不断完善、升级创新平台建设，开展新材料、新工艺等研发工作，取得专利 69 件，其中国际发明专利 1 件、发明专利 52 件，实用新型专利 16 件。公司还主编 3 项国家标准、1 项行业标准，并参与编制了 7 项国家标准。获国家重点新产品 1 项，中国专利优秀奖 4 项，贵州省科技进步二等奖 2 项、三等奖 1 项，省优秀新产品新技术二等奖 1 项，贵州省专利优秀奖 1 项（蒲学光和曾帅，2019）。

2019 年，公司承制的核电设备项目 2MWt 液态燃料钍基熔盐实验堆主容器首批发货完成，标志着公司正式进入核电领域，该项目还通过锻造Nadcap的初次审核，成为国内第一家通过锻造Nadcap认证企业。公司还取得首件国际发明专利，718Plus合金的环形锻件成形方法通过美国专利商标局实质审查，获得美国发明专利授权。

如今，航宇科技拥有的复杂异形环件的研发制造技术已经达到了大型航空发动机机匣的国际先进水平，公司已经掌握了多项难变形合金材料组织均匀性控制等核心技术。目前，公司产品广泛应用于70个航空发动机型号，包括长江系列国产商用航空发动机、国际主流窄体/宽体客机用新一代航空发动机等，是新一代窄体客机LEAP发动机生产高压涡轮机匣锻件企业之一，也是取得授权制造LEAP发动机风扇机匣锻件的企业之一。

三、贵州航天电器的创新升级实践

（一）贵州航天电器简介

贵州航天电器股份有限公司（以下简称贵州航天电器），属于中国航天科工集团旗下公司，位于贵阳高新区，由朝晖电器、朝阳电器等7家公司共同发起，注册成立于2001年12月30日，2004年7月上市。公司总部位于贵阳市经开区，目前在全国设立了8个技术市场服务中心，包括华北1个（北京）、华东2个（上海、南京）、华中1个（武汉）、西北1个（西安）、中部1个（洛阳）、西南1个（成都）和华南1个（深圳）。贵州航天电器是集电子元器件高端领域和高端产品研制与生产于一体的企业。公司愿景是“连接世界，控制未来”，使命是建设成为“具有显著影响力和竞争力的一流高科技电子元器件企业”。公司经营范围涉及电器、电机、光电子产品、电源、仪器仪表等的研制、生产和销售。产品涵盖了高端继电器、连接器、光电器件和光电设备、电机组件、智能制造、电子控制装置和系统集成等。

（二）贵州航天电器的发展历程

贵州航天电器自2001年成立以来，不断发展和突破自我，经过20多年的历程，目前公司已成为我国高端电子元器件的主要研发制造单位。从成立至今，贵州航天电器一直致力于发展和创新，取得了显著的成绩，公司发展历程大致经历了成立、变革、飞跃和创新四个阶段（见表11－2）。

表11－2　　贵州航天电器发展的四阶段

阶段	典型事件
第一阶段：成立阶段 2001—2003年	2001年12月30日贵州航天电器股份有限公司注册成立。在这期间，贵州航天电器处于成立初期，先后建立生产和研发中心，是生产和研发能力的积蓄阶段。2002年9月，被认定为贵州省高新技术企业
第二阶段：变革阶段 2004—2006年	2004年后，贵州航天电器进入变革阶段，开始为中国航天工程建设的配套任务做出贡献。直至2006年，贵州航天电器在研发、生产、品牌建设、集团化发展、改制上市、厂区搬迁等方面取得了可喜的成绩
第三阶段：飞跃阶段 2007—2015年	从2007年开始，公司航天工程配套任务的能力增强，继续推进集团化建设，公司品牌形象进一步提升，2010年开始着手开拓国际化市场，并注重科研能力提升。由此，公司开始进入飞跃式发展阶段
第四阶段：创新阶段 2016年至今	2016年，航天电器开始着手智能化改造，2017年，公司开始实施精益管理，大力实施数字化与智能制造，公司的国际化市场也开启新征程，由此，进入了创新发展阶段

资料来源：根据贵州航天电器公司官网 http：//zggyljqjyw.51sole.com/及百度相关资料整理。

第一阶段：2001—2003年是贵州航天电器的起步阶段。

贵州航天电器的前身是1968年在贵州遵义建立的国营朝晖电器厂和国营朝阳电器厂，1970年投产，主要业务是研发和生产航天继电器和电连接器等产品。2001年12月30日，由朝晖电器、朝阳电器等7家公司共同发起，贵州航天电器股份有限公司注册成立，成立之初就一改过去30多年的传统生产方式和定位，将公司定位于元器件高端产品研发与制造。

由于前身具有多个国营企业在航天电器生产和销售方面的基础，公司的新定位又顺应了贵州制造业改革的思路和方向。新公司组建成立不久，在贵州省内就受到了高度重视，2002 年先后获得了贵州省总工会和贵州省科学技术厅等颁发的多个荣誉，例如，4 月获“省五一劳动奖状”、9 月获省科学技术厅认定的高新技术企业。2002 年 9 月，公司还在上海单独设立研发中心。可以说，企业成立到 2003 年这一期间，贵州航天电器都处于成立初期对生产和研发能力的积蓄阶段，因此，这个阶段被称为公司的起步阶段。

第二阶段：2004—2006 年是贵州航天电器的变革发展阶段。

经过两年多时间的研发和生产能力积蓄，贵州航天电器进入了变革阶段，主要表现在参与我国航天工程配套服务、企业品牌建设、集团化发展、改制上市和厂区搬迁准备。

在航天工程配套服务方面，从 2004 年开始，贵州航天电器积极参与我国航天工程设备配套零部件的研发和生产，为我国近年来的航天工程建设做出了贡献并获得了诸多荣誉。因圆满完成我国首次载人航天飞行试验配套任务，2004 年 4 月，公司获得了中华全国总工会颁布的“全国五一劳动奖状”，2004 年 10 月获得了我国神舟飞船和“长二 F”运载火箭研制配套贡献的荣誉证书。

在品牌建设方面，公司连续多年获得多项荣誉，品牌影响力持续上升。2006 年 3 月获得了中国企业联合会和企业家协会联合授予的“中国优秀企业”称号，6 月荣获“十五”军用电子元器件科研生产先进单位，以及 2006 年度“中国电子元件领军厂商”继电器类“最佳服务厂商”等荣誉。2005 年以第 64 位的排名进入了第 18 届中国电子元件百强榜，2006 年跃升为第 39 位。

在集团化发展方面，公司从成立之初就开始布局集团化发展，早在 2002 年上海研发中心就已经设立。而后，又成立了上海恒阳分公司。2004 年初上海威克鲍尔通信科技有限公司成立。2005 年 12 月，遵义精星航天电器和苏州华旃航天电器有限公司相继成立。2005 年贵州航天电器控股达到 4 个公司，加上在上海设立的研发部，公司多元化、规模化以及跨地域的集团化发展格局基本形成。

在上市改制和厂区搬迁方面，2004 年 7 月，“航天电器” A 股在深圳证券交易所正式挂牌上市，公司筹备了多年的上市计划在 2004 年终于实现。又经过一年多的努力，2005 年 11 月，公司顺利完成并通过股权分置改革。此外，厂区搬迁工作也顺利完成。2006 年 10 月，公司厂区从遵义搬迁到贵阳的工作顺利完成。2006 年 12 月底，贵州航天电器隆重举行了贵阳新厂区开业典礼，这也标志着航天电器的发展历程即将翻开新的篇章。

第三阶段：2007—2015 年，是贵州航天电器的飞跃发展阶段。

经历了前期几年的变革阶段，贵州航天电器进入了飞跃式发展阶段，主要表现在对我国航天工程配套服务能力的增强、继续推进集团化发展、企业品牌形象提升和国际化市场开拓。

一是对航天工程配套任务的能力增强。自我国启动火星探测计划以来，航天电器就参与了相关的配套任务，近年来，公司圆满完成了载人航天、探月、探火任务，包括北斗、嫦娥、天问等系列国家重大航天工程配套产品的研制和生产任务。2007 年 10 月，公司圆满完成了嫦娥一号卫星的奔月工程配套任务。2008 年 9 月，贵州航天电器为“神舟七号”飞船的发射提供了 20 多个系列、100 多种规格的配套产品。2011 年底，公司还圆满完成了“天宫一号”和“神舟八号”交会对接工程的配套任务。2012 年底公司与中国运载火箭技术研究院（航天一院）物流中心签署战略合作协议。鉴于贵州航天电器在航天工程配套任务中做出的贡献，中国载人航天工程办公室王文宝和杨利伟主任 2012 年 2 月还特别视察了贵州航天电器公司。

二是公司继续推进集团化发展。基于之前已经控股了 4 个子公司，2007 年 5 月，贵州航天林泉电机公司成立，该公司的成立既是公司集团化发展的体现，也是公司继续向智能化升级的重要部署。2008 年 4 月，苏州华旃航天电器的新厂房建成并投产，这是航天电器发展史上的一个重要里程碑。2009 年 11 月泰州航天电器成立。基于前期在遵义、上海、广东、江苏等地成立的各子公司，贵州航天电器集团化、跨地域的产业格局基本形成。

三是企业品牌形象进一步提升。在集团化发展和完成航天配套任务的同时，从2008年开始，公司在品牌建设上取得了诸多成绩，品牌形象一路提升。从2005年进入“中国电子元件百强企业排行榜”以来，公司在该榜单的排名逐年上升。2010年名列第37位，2011年名列第32位，2013年名列第29位。

2008年9月，贵州省工商行政管理局认定“朝晖”和“朝阳”为“贵州省著名商标”。2010年11月19日，公司毫微型麻花针连接器项目荣获第三届全国职工优秀技术创新成果二等奖。2013年9月，公司荣获2013中国电子行业电子元件最具贡献企业称号。

2008年2月，国防科工委认定贵州航天电器为第二批国防科技工业企业技术中心，科技部、国务院国资委、中华全国总工会联合认定贵州航天电器为全国第二批“创新型企业试点单位”。2009年5月，公司被认定为“国家火炬计划重点高新技术企业”。2009年8月，公司被授予“贵州省知识产权试点示范工作先进单位”荣誉和“贵州省知识产权示范创建单位”。同月，公司被科技部、国务院国资委和中华全国总工会确定为第二批创新型企业单位。

四是着手开拓国际化市场。2010年4月，贵州航天电器获得美国UL认证公司的AS9100B航空航天质量管理体系认证，这为公司进军和开拓国际市场提供了保障。2012年10月，贵州航天电器的公司领导率队考查美国市场，这进一步加强了公司国际市场的开发意愿，也助力公司理清实现国际化战略的思路。

五是注重科研能力提升。2008年8月，贵州航天电器正式发布企业使命和愿景。2013年6月，公司将其核心价值观确定为“以顾客为中心，勇于争先，体现奋斗价值”。从这时开始，公司将工作重点转移到培育科技研发能力。为了提升科技研发能力，2009年5月，公司特别组建了企业技术中心，并且下设了8个研究所，11月上海航天电器技术研究院的大厦也正式奠基。

第四阶段：2016年至今，是贵州航天电器的创新发展阶段。

经历了近9年的飞跃式发展阶段，贵州航天电器进入了创新发展阶段，主要表现在对我国航天工程配套服务的突出贡献、企业品牌形象飞跃提升、国际化市场的突破、智能化改造和精益管理。

一是在我国航天工程事业的配套任务中贡献突出。2018 年 12 月，林泉电机公司因为“长征三号乙”运载火箭成功发射“嫦娥四号”探测器提供了电连接器，还获得了“探月工程嫦娥四号任务突出贡献单位”荣誉称号。2019 年 12 月，贵州航天电器股份有限公司所属的江南所完成了“长征五号”遥三成功发射工程的配套任务，负责提供其内部所需的元器件，包括 J599 等系列电连接器，J65/KJZC 等系列继电器等配套约 5800 多只。

贵州航天电器的配套产品还一路相随我国“天问”系列行星探测任务。2020 年 7 月，航天江南公司为“长征五号”遥四运载火箭搭载“天问一号”探测器升空和地面系统提供了连接器和继电器、高性能电池组、地面检测设备和火星车悬架减速自锁装置等配套系列元器件。2020 年 11 月，林泉电机为“谷神星一号”运载火箭提供 PCMZX 系列电机配套，航天电器为“长征五号”运载火箭提供 7800 多台套元器件，顺利将“嫦娥五号”探测器精准送入地月转移轨道。2020 年 12 月，公司圆满完成“嫦娥五号”返回器和“长征八号”遥一运载火箭飞行的配电器、继电器和连接器等配套任务。

二是企业品牌形象的飞跃式提升。2019 年 8 月 12 日，贵州航天电器被中国质量协会授予“全国质量奖”。2020 年 1 月 10 日，中共中央、国务院在北京人民大会堂隆重举行国家科学技术奖励大会，公司所属林泉电机事业部和哈尔滨工业大学联合申报的“极端环境特种电机系统技术体系创建与应用”荣获国家技术发明二等奖。2020 年 6 月，公司“先进航空发动机用高可靠多功能永磁发电机技术”“轻型复合材料圆形电连接器”和“宇航用自浮动电连接器”三个项目分别获贵州省科技进步奖二等奖、三等奖和三等奖。2020 年 9 月 16 日，公司还通过了 2020 年复核评价的国家技术创新示范企业名单。

在这一时期，公司的品牌形象出现了飞跃式提升。在“中国电子元件百强企业排行榜”上，航天电器 2019 年和 2020 年分别名列第 20 位和第 22 位。2020 年 12 月贵州省企业联合会、贵州省企业家协会发布的贵州百强企业名单中，航天江南集团入选贵州企业百强的第 14 位，较 2019 年位列第 19 位提升了 5 名；所属航天电器、航天风华分别列第 52 位和第 83 位。同时，在 2020 年 10 月的贵州制造业企业百强榜单中，航天江南集团位列第 5 位，公司所属的航天电器、航天风华、航天天马、梅岭电源、群建精密等单位分别列第 22、第 39、第 52、第 62、第 72 位。

三是国际化市场开启新征程。航天电器经过多年对国际化市场的努力。2018 年，航天电器的国际化经营和销售收入分别同比增长 86% 和 72%，并均突破亿元大关。2018 年，航天江南旗下的航天电器为德国安弗施（RFS）公司研发、安装、调试的智能化生产线顺利交付，这也是航天电器实施智能制造战略以来获得的第一个国际智能制造订单。2019 年，贵州航天电器与德国安弗施公司签订了金额超过 100 万元的出口智能制造设备的订单。公司智能制造业务的国际化市场之路在此开启了新征程。

四是开始进行精益管理智和能化升级。2017 年，贵州航天电器的贵阳事业部开始进行精益化管理和信息化建设。公司通过生产流程优化和业务流程再造逐步实施精益管理，构建了数字化业务平台，搭建了集“销售—技术—生产—质量—供应”为一体的“产销驾驶舱”。

贵州航天电器的核心产品之一是连接器，长期以来，公司连接器的研发生产虽然在国内处于技术领先地位，但生产线却一直以人工生产装配为主，生产效率长期得不到提高，生产质量一致性也较难保证。为解决生产效率和产品质量的问题，公司开始实施创新驱动和智能制造的发展战略，成立了智能制造工程部，并将成为国内一流的智能制造解决方案提供商作为公司的发展目标。2016 年，贵州航天电器与航天云网、德国西门子公司合作，开始打造 J599 系列连接器智能制造样板间。公司打造的这条智能制造生产线，被列为贵州省智能制造样板间示范项目。

在智能化建设的道路上，贵州航天电器取得了卓越的成绩。2020 年，经过半年多的软件开发和调试，贵州航天电器贵阳产品事业部的智能立体仓库也正式投入使用。2020 年 10 月 22 日，航天电器参加了电子四院牵头研制的《智能制造机器视觉在线检测测试方法》国家标准启动会，公司就机器视觉测试规范的编制给出了专业意见。2020 年 11 月，贵州航天电器的“电子元器件智能制造”项目荣获世界智能制造大会发布的“2020年中国智能制造十大科技进展”荣誉。2020年12月，贵州航天电器提供的《基于数据驱动平台的生产组织模式构建与实施》和《基于预测性维护的设备管理模式构建与实施》两项成果从近460项成果中脱颖而出，分别荣获中国企业改革发展优秀成果一等奖、二等奖。

（三）贵州航天电器的创新升级实践

贵州航天电器将企业目标定位于国内一流的智能制造解决方案提供商。近年来，公司紧跟智能技术的发展，持续推进商业模式创新，通过精益化改革和智能制造，创新传统生产经营方式，正努力打造中国电子元器件制造的新业态。

1. 精益管理和信息化变革

2017年，贵州航天电器的贵阳产品事业部率先导入精益生产管理理念。就精益化生产改革而言，一方面进行精益生产文化建设，以精益价值流为导向，打造精益生产文化、树立精益生产典型标杆；另一方面，进行精益生产线建设，通过优化物流、建立连续流水线、精益PQ/PR分析等方式优化生产，通过优化生产流程和业务流程再造等逐步推进实施精益管理。

此外，贵州航天电器的信息化变革也全方位推进，公司所有业务流程都采用了信息化手段，并在信息化建设的基础上开始构建数字化业务平台，搭建集“销售—技术—生产—质量—供应”为一体的“产销驾驶舱”，通过精准数据和科学生产仿真模型实现计划、组织、实施和控制过程的数字化计划管理。

在“精益管理+信息化”的共同驱动下，贵州航天电器贵阳事业部通过无缝隙集成的软硬件设备，实现了业务流程的信息互通共享，包括企业资源计划管理系统ERP、产品全生命周期管理系统PLM、设备数据采集与分析系统SCADA、计算机辅助设计系统CAD、分布式控制管理系统DCS和自动化生产与检测设备等系统的集成，使公司的产品研发、生产和管理都能够在集成的数字化业务平台上进行。

2. 柔性智能制造车间

传统的生产模式下，由人工完成生产线上的每个环节。常见的现象是，工人在某个环节做完一道工序后，将原件放在托盘上，人工传递给下一道工序的工人。长期以来，由于产品生产一直依赖于人工，导致生产效率难以继续提升。此外，由于航天电器的产品属于劳动密集型产品，品种多，又是小批量生产，人工生产很难保证标准的一致性，因此，产品质量也长期停滞在一个层次，很难出现升级。此外，公司接到订单后，需要经过审价、生产等诸多步骤，接单流程长，并且各环节信息和数据不畅通，导致效率低下。如果继续当前的生产经营模式，公司生产效率难以提升，公司业绩将很难进一步增长。

为了解决自身发展问题，破解发展停滞的困局，贵州航天电器比以往更加注重自主创新，开始布局智能制造。贵州航天电器在智能制造升级中进一步加大经费投入，每年将8%的营业收入投入到智能化改造中。智能化样板间建成投产后，原有生产线上的所有环节都通过智能化机器进行，一道工序完成后，智能机器自动将原件传输至下一道工序环节。在贵州航天电器的“麻花针”工段生产车间，麻花针的校直、自检、校正和监测等工序全部由生产线上的一体机自动完成。智能生产线具有定制开发设备智能监控系统，包含有产品信息管理、加工检测数据实时存储及展示、生产统计查询、设备状态监控等功能，通过后期客户MES数据接口导入，可从MES系统导入计划生产任务（成品型号、批次、数量等），从而实现智能生产。

贵州航天电器在智能化改造过程中，还将大数据深入融合到智能制造过程中，通过大数据采集、融合和分析，从而打破了传统的信息壁垒。在“麻花针”的智能化生产车间，整个生产过程的数据全程实现在线监测，产品计划数量、完成数量都清晰地展现在车间4平方米的电子显示屏上。2016年下半年，贵州航天电器通过与贵州工业云合作，实现了PLM、ERP等系统与云平台的无缝集成，不仅实现了企业生产数据和设备的互联互通，还实现了客户下单和生产数据的同步共享。贵州航天电器数控设备和自动化设备已经完全实现在线全程监测，生产数据同步上传至航天云网工业云平台，通过数据分析实时监控产品质量，及时发现并纠正产品质量偏差，不仅大大提升了生产效率，也保证了高质量的产品。

贵州航天电器还在机加车间实施了数字化制造、机器人自动上下料、无人车运输物料等。2018 年 8 月，贵州航天电器全自动生产线上 30 多台自动化设备高速运转，每天生产约 9 万根细如发丝的麻花针，打破了国外公司的技术垄断，其广泛用于载人航天、探月、北斗、大飞机和高分辨率对地观测系统等国家重大工程。2019 年，AIV 无人运输物料技术研究项目引进了智能化的专业集成 AIV 无人运输车，由 AIV 无人运输车为车间运输首件封样单、零件、孔径检测规、螺纹环塞规、刀具、毛坯材料等，减少了车间现场人员离开操作设备做其他辅助工作的情况。贵阳产品事业部的智能立体仓库在产品流线入库时，自动扫描产品盒二维码，识别并录入产品信息，实现产品订单自动批次化管理，产品出库时，只需选择订单，即可自动完成出库发货。立体智能仓库的投入使用有效提高了成品订单管理的准确性和可靠性，大大降低了发货工作强度，避免了发货高峰期发货错误的情况，为企业的智能化管理迈出了坚实的一步。

在智能制造布局下，贵州航天电器致力于高端继电器、连接器、电缆组件、电机及光电产品的研制，公司的产品竞争力不断提升，2020 年已实现所有产品的智能化生产，并成为我国自主可控电子元器件制造的领军企业。

（四）贵州航天电器创新升级的效益

1. 企业经济收益增加，业务市场拓宽

2004 年，贵州航天电器销售额仅为 1 亿多元，2006—2009 年公司年产值一直在 3000 万元左右徘徊。在传统的生产模式下，公司销售额和产值长期难以增长。自实行精益管理和智能制造以来，公司经济迎来了新的增长，营业收入和利润额逐年以两位数的增幅快速提升，2017 年相比 2016 年的营业收入和利润额都实现翻倍，2017 年公司销售额突破了 26 亿元。2020 年，贵州航天电器无论是市场订货量、营业收入还是利润额，都保持

了同步增长。

就业务市场而言，以前，贵州航天电器的产品主要服务于航天工程，公司产品被广泛运用于我国载人航天、探月、航空和卫星工程；成功实现智能制造转型后，公司的产品应用范围越来越广泛、市场越来越宽泛，业务板块从航天拓展到兵器、核工业、石油、电子信息、通信、船舶、交通、医疗设备等诸多领域，并且成功实现了从军用领域向民用领域拓展。国际市场也实现了突破，德国的老牌制造企业引进贵州航天电器的自动化生产线为其国际市场的开拓开启了新篇章。

2. 企业生产成本和能耗降低

贵州航天电器的产品以前一直依靠传统的手工操作、人工装配，例如，一份工艺和设计图纸往往就需要2—3周才能完成。这样的生产模式下，不仅生产效率低、周期长，而且生产成本非常高。

2000年之后，贵州航天电器开始将大数据融入制造过程中，“大数据+制造”深度融合打破了传统生产模式，大大降低了企业的生产成本。2017年以来，公司通过实行精益化管理，生产计划完成率提升30%以上，典型产品生产周期缩短30%以上，库存周转率上升38.58%，库存数量下降25.67%。

近年来，贵州航天电器通过实施智能制造，实现了智能化和信息化生产，通过升级降低了生产成本，实现了生产低能耗。例如，智能化生产线建成后，麻花针生产车间的工人由60人减少为28人，下降了近54%。中德智能制造样板间正式投入生产后，运营成本降低了20%以上，产品研制周期缩短30%以上，产品不良品率降低近60%，能源利用率提高20%以上。

3. 企业生产效率和生产管理的提升

贵州航天电器进行智能化升级和精益管理，为企业的生产管理带来的效益主要表现在：一是生产效率的大幅提升；二是生产管理的提升。

从生产效率来看，智能化生产线建成后，自动生产线的效率比过去提升10倍以上。公司产品呈现多品种、小批量特点，以麻花针生产车间为例，以前车间每月产能不足200万份，实施智能化生产线之后，车间每月产能提升为600万份以上。实施智能制造后，车间人均月产量由原来的3.3万件增加为10余万件，人均生产效率提升了约240%，生产产能由每月 200 万件提升为每月约 300 万件，人均月产量从 3.3 万件提升至 10.7 万件，效率提升近 240%，产品的合格率由过去的 80% 提升到 95% 以上。“麻花针”的智能化生产车间通过对生产过程的在线监测，能够提前策划设备维护保养和调整生产计划，这使得生产设备的利用率提升了近 20%。中德智能制造样板间正式投产后，年产能达到 50 万件以上，生产效率比过去提高了 40% 以上。2020 年，智能立体仓库投入使用，该仓库具备每天 8 小时出入库 800 盒产品的能力。

从生产管理来看，没有实施精益化管理和智能制造之前，公司生产、销售、物流、管理等环节都存在诸多问题。使用大数据平台之后，所有的生产计划靠生产系统自动排产、自动收集和分析数据。公司积极引进和研发数据平台，并结合自身实际量身定制数据平台，实现产品全生命周期资源计划，计算机辅助设计和分布式控制，将自动化生产与检测设备软硬件无缝集成，打通了之前的数据通道。公司的数字化工厂，从产品设计工艺、生产制造到检测试验的数据通道完全打通，所有的数据都是透明共享的，通过数字化经营模式，使企业成为智慧企业。以前采用肉眼对精细要求很高的产品进行检验，采用智能化生产之后，公司采用了自动外观检测系统，通过大数据和人工智能的高度协同作用，每一道程序的数据都实现了云上传大数据平台，通过对海量的生产数据进行算法分析，实现了精准化检测外观，自动分类合格与不合格品。

4. 品牌价值提升

传统的管理模式下，企业不仅生产效率低，产品质量也难以保证。由于公司销售、生产和车间计划的重合度低，导致最终市场的准时交付率较低，顾客满意度低、抱怨多，品牌认可度也不高。

贵州航天电器通过商业模式创新，以高品质的产品，不仅获得诸多殊荣，还大大提升了品牌价值。2019 年，贵州航天电器的品牌价值达到 38.87 亿元，2020 年贵州航天电器位居“2020 年中国品牌价值榜（电气类）”第 6 位，品牌价值达到 39.75 亿元，相比上一年继续增值。此外，公司还取得了诸多研发成果，拥有了一大批自主知识产权，仅 2018 年，公司的专利就接近 180 件，发明专利达到 100 余件，占其中的 58.98%。“嫦娥五号”登月取土、“北斗”卫星全球组网、“天问一号”探测火星、“长征”火箭遨游太空等的实现，都有着贵州航天电器完成这些重大共创配套任务的身影。

近年来，贵州航天电器通过数字化和智能化升级，获得了诸多荣誉。2020 年 12 月中央电视台《经济半小时》专题报道了贵州航天电器“大数据 + 工业”深度融合的智能化生产模式。多年来公司一直稳居中国电子元件百强榜单的前列。早在 2009 年贵州航天电器就荣获过国家科学技术进步奖；2021 年 1 月，贵州航天电器林泉电机申报的“极端环境特种电机系统技术体系创建与应用”荣获国家技术发明二等奖；2019 年公司被中国质量协会授予“全国质量奖”；2020 年 9 月入选通过 2020 年复核评价的国家技术创新示范企业名单。2019 年，贵州航天电器荣获“国家知识产权示范企业”，是当年航天科工集团唯一一家，也是贵州省三家获评企业之一。2020 林泉电机作为贵州省首家、也是唯一融合工业和信息化部授予的“国家绿色供应链管理企业”称号的企业。2020 年 5 月，贵州航天电器成为贵州唯一一家成功入选国家“科改示范行动”（百户科技型企业深化市场化改革提升自主创新能力专项行动）的企业。此外，贵州航天电器的智能制造项目还入围了 2020 中国智能制造十大科技进展。

此外，公司现拥有国际先进的制造技术，在多个技术领域具备国内领先水平，是中国驰名商标，国家级创新型企业、国家技术创新示范企业和国家级智能制造新模式应用示范企业，公司的技术研发中心被认定为国家级企业技术中心和国家精密微特电机工程技术研究中心。

四、贵阳新天光电的创新升级实践

（一）贵阳新天光电简介

贵阳新天光电科技有限公司（以下简称新天光电）位于贵阳市乌当区

新光路，其前身是新天精密光学仪器公司，始于1966年上海内迁至贵阳建厂，距今已有近60年发展历史。2001年，公司进行资产重组后成立新天光电科技有限公司，属国家一级计量单位和国家机电行业大型高新技术企业，多年来一直被列为贵阳市、贵州省和国家重点发展的装备制造企业。

新天光电是集光、机、电、算一体化精密计量仪器研发、生产和营销一体化的高新技术企业，经营范围涵盖光机电产品、光学仪器、仪器仪表、机械设备、工具、模具、光学零件、光学辅料的生产加工销售及相关技术咨询服务，其产品及服务广泛应用于航天、军工、机床、汽车等各大产业。公司定位为国内专业测量解决方案综合制造商和服务商，致力于为企业提供测量综合解决方案，企业愿景是成为国内测量行业领军企业和国际测量领域知名品牌。

(二) 新天光电的发展历程

新天光电前身是新天精密光学仪器公司，于1966年由上海迁至贵阳组建，有着50多年的光学计量仪器专业的研发、生产和营销历史。从成立至今，新天光电经历了前身、发展和创新三个阶段（见表11-3）。

表11-3　　新天光电发展的三阶段

阶段	典型事件
第一阶段：成立前身阶段 1966—2001年	1966年海内迁至贵阳，成立了新添光学仪器厂。1979年，新添光学仪器厂和赤天光学仪器厂合并成立了新天精密光学仪器公司。这之后，公司成功研制了多种类别和系列的高新技术测量产品，还参与制定了10多项国家或行业标准 一直到2001年，都是新天光电科技成立的前身阶段。在这一时期，为新天光电科技的改组成立奠定了基础
第二阶段：成立发展阶段 2002—2018年	2002年，贵阳新天光电科技公司经改制后注册成立，新天光电进入成立初期阶段。2003年和2004年分别推行“5S”现场管理和精益生产。2000—2009年公司研制的新产品成功地实现智能化、视频化换代。2017年成功掌握微米和纳米级的制造精度水平。这一时期的生产管理和技术研发变革为新天光电的创新发展积累了基础

续表

阶段	典型事件
第三阶段：创新发展阶段 2019 年至今	2019 年开始，新天光电开启实施智能制造与服务型制造战略。2019 年建设 3D 仿生系统和智能在线检测综合实验室。2020 年，推动“服务型制造”战略实施，开始全力打造全面测量解决方案提供商。由此，进入创新发展阶段

资料来源：根据贵阳新天光电科技有限公司官网 http：//www.chfoic.com 及百度相关资料整理。

第一阶段：1966—2001 年是新天光电的成立前身阶段。

新天光电的前身是新天精密光学仪器公司，于 1966 年由上海迁至贵阳组建。早在 1964 年，中央就决定在贵阳建立“803 工程”基地，负责研制第一代海军潜望镜。1965 年，中央决定拆分原上海光学仪器厂，一部分设备和人员由上海迁至贵阳成立新天光学仪器厂。随后，新天光学仪器厂在 1966 年正式建成并投产，其研发部门命名为“新天光学仪器研究室”，这也填补了我国国内自行研制海军潜望镜的空白。1968 年，中央决定由上光厂援建，在贵阳建立赤天光学仪器厂。

1969—1978 年新天光学仪器厂和赤天光学仪器厂研发投产了 JY4、39J、WKX、JT3、JD10、JD6、JX10、CXW、JT5、JD9A、JQX、JJ5、JD3、WKD、4JB、JJ3、JC10、JD11、JC9A、WH、GDJ 系列产品。期间，QDD—10 潜望镜和 GDJ—1 光电度盘检查仪还荣获了全国科学大会奖。

1979 年，新天光学仪器厂和赤天光学仪器厂合并组建了新天精密光学仪器公司。原有的“新天光学仪器研究室”与贵阳市科委共建，更名为“贵阳光电技术研究所”。合并成立的新天精密光学仪器公司在 1980—2000 年成功研制了 WL3 光电直读光谱仪、JS866 三坐标测量机等高新技术产品，并形成了八大类、26 个系列、200 个品种的产品经营格局，多种产品多次获国家、省、部、市级奖励；同时公司还制订了十余项国家或行业标准。

早在 2000 年左右，新天光电就先后与北京工业大学、复旦大学、西安交通大学、天津大学、贵州大学及相关企业等建立了紧密的产学研用战略合作关系。

在这一时期，积累的研发技术、生产能力为新天光电的改组成立奠定了基础，可以说这是新天光电的前身阶段。

第二阶段：2002—2018 年是新天光电的成立发展初期。

2002 年，新天精密光学仪器公司经过资产重组后，重新注册成立新天光电，标志着新天光电的成立发展期开始。新公司重组成立后，公司开始进行生产管理和技术研发变革。

在管理方面，2003 年公司开始推行“5S”现场管理，2004 年开始推行精益生产方式。2002 年，通过 ISO1002 - 1 计量确认体系评审；2003 年，通过 ISO9001 - 2000 国际标准质量体系认证；2007 年，通过 ISO10012 ：2003 国际测量管理体系认证。通过生产管理的创新，2003 年，新天光电以研究所为核心组建的技术中心被认定为省级技术中心。2004 年公司的技术中心被评为了贵州省技术创新能力建设单位。2006 年公司荣获贵州省五一劳动奖状，2008 年荣获全国学习型组织先进单位称号，2008 年被认定为贵州省首批高新技术企业，2009 年被列入贵阳市“十大”高新技术企业。

在技术研发方面，2000—2009 年公司研制的 JD25 - C 万能测长仪、JX13C 万能工具显微镜、JDS 光栅测长机等新产品成功地实现了传统技术向智能化、视频化的更新换代，为客户提供了大量测量专门装备和解决方案。2016 年新天光电提出的《垂向浮动式光学定位器》《高精度主轴系统》和《万能测长仪方形测量轴的二级摩擦传动可开合超微动机构》荣获国家发明专利。2017 年，公司研制成功了 JDS1000HA 高精度光栅测长机，这项技术创新成功，也标志着新天光电掌握的制造精度水平从精密、超精密级成功升级为微米和纳米级。随后，基于制造精度水平的成功升级，2018 年新天光电成功研制出 JD60 高精度多功能测长机、数字化影像式刀具检测仪。在这一年，公司还被评为贵州省技术创新示范企业。

新天光电从 2002 年改制成立经历了 17 年的发展期，这一时期，新天光电不断进行生产管理变革，在技术研发上也取得一定的突破，在软实力上的提升，为新天光电的创新发展积累了基础。

第三阶段：2019 年至今是新天光电的创新发展阶段。

从 2019 年开始，新天光电陆续开启了重点实施智能制造和服务型制造转型升级的新篇章。2019 年建设 3D 仿生系统和智能在线检测综合实验室。2020 年，推动“服务型制造”战略实施，开始全力打造全面测量解决方案提供商。由此，公司进入创新发展阶段。

2019 年，新天光电开始实施测量技术与智能制造深度融合，开始数字双生 3D 仿生系统、智能在线在位检测技术综合实验室建设。公司成功打造的智能检测实验室样板项目，对现有的产品实施智能化升级，还建立了自动检测、质量数据远程传输和分析示范实验室，并打造产品开发、客户培训和现场模拟测试平台。

2020 年，新天光电正式推动“服务型制造”战略实施，致力于打造全面测量解决方案制造商与整合商。2020 年，公司成功推出了 SPC 工作小站并成功研制出 JD60 多功能测长仪、五米线纹尺自动检测仪、激光液面在线检测系统。新天光电还重点打造生产可视化综合管理平台项目，包括精益生产和制造执行系统（MES）等。项目平台通过设备运行、工艺及质量数据的自动采集、生产全过程事务监控、生产任务智能下达、产品质量精准可溯，实现销售订单、生产计划、零部件供应等全过程管理，从而推进了精密计量仪器生产工艺及过程管理的智能化、可视化和透明化。

（三）贵阳新天光电创新升级实践

1. 研发创新：产学研一体化的技术研发平台

50 多年来，新天光电不断进行研发创新，为国家诸多重点工程项目提供了检测装备。就研发创新而言，新天光电不断通过技术进步，形成了独具特色的光学及机械精密研发生产体系。在国家和省市政府大力支持下，新天光电先后建立了贵州省企业技术中心、光学测量工程技术研究中心、光学测量院士工作站、博士后科研工作站等科研平台，还在上海设立了以设计研究为主的上海新天技术研发中心，这些都为新天光电的研发创新奠定了基石。

新天光电贵阳技术中心还建立了 CAD 工作站，从事研究、设计、工艺、精密计量和理化分析等工作。为了加速培养研发人才，新天光电长期采用从内外部培训班培训、送高等院校或科研机构深造多种方式加快人才培养进度。

从20世纪70年代起，新天光电开始批量化生产投影仪系列产品，1989年开始加大力度开发小型投影仪，其研制生产的中、大型投影仪成为全国独具特色的产品。新天光电的主导产品之一是万能工具显微镜产品，该系列仪器结构坚固、测量精度高、稳定性高，使用了国内领先的成像、测量和数据处理技术。此外，新天光电的端度仪器设计造型独特，测量精度高，稳定可靠。光学投影测长机、光栅测长机、激光测长机是中国独家经营的产品。新天光电作为国内最早研制光栅数显产品的企业之一，是中国光栅传感器的重要生产基地，其研制的JCX光栅线位移传感器系列产品涵盖小型、普通和大型多个品种。

2020年底成立的装备制造智能技术研究院，构建了集“基础、技术、应用”三个维度的研发体系，积极与贵州大学、西安电子科大、成都电子科大、天津大学等广泛开展合作，通过多渠道整合科研资源，解决企业自身遇到的关键技术瓶颈。

2. 市场拓展

新天光电不断开拓市场，公司产品品种众多，有三坐标、视频测量仪、工具显微镜、投影仪、端度仪器、角度仪器、物理分析仪器、望远镜、光栅传感器与数显表、CCD镜头等100多个品种。早期，公司分别在北京、上海、广州、武汉、沈阳、西安等地设立分公司和分支机构。新天光电在贵阳的子公司就包括：新日东精密机械、新泰光学仪器、新天电镀、新弘铸造、新豪光电等。新日东精密机械主要从事数控钟表加工机械设备、精密五金加工机械设备和精密专用机床的研发制造、销售、维修，以及通用金属切削机床的代工和大修理。新泰光学仪器主要根据客户需求，研制生产各种摄像镜头和各类光学透镜，其产品广泛应用于电子监控设备、电脑眼、扫描仪和可视电话等。新天电镀是一家高新技术电镀加工企业，有40多年专业电镀加工经验。新弘铸造主要生产各种铁合金、铝合金铸件产品，其产品主要应用于各种精密仪器、机械设备、汽车和摩托车零部件等。新豪光电是中外合资的高新技术企业，主要产品是光栅传感器数显系统，有 30 多年数显产品研制、生产和销售经验。

新天光电开拓市场的过程中，还积极融入世界经济产业链升级，加强与跨国公司的合作交流，加大力度搭建海内外营销网络。为了拓展海外市场，公司还成立新天光电科技进出口有限公司专门负责海外市场业务。目前，该进出口有限公司的业务范围已经辐射至美国、德国、意大利、韩国、新加坡、日本等 50 多个国家和地区。2019 年 5 月，新天光电携众多科技测量产品参加了在重庆举办的第 20 届立嘉国际智能装备展览会，不仅拓展了新天光电在川渝市场的营销渠道，还向国内 20 多个省市和国际上 10 多个国家的参展企业展示了新天光电深厚的研发底蕴和完备的生产制造体系。为了更快地拓展国际市场业务，2019 年，新天光电进出口公司开展了一系列对外交流合作活动，并积极与国外厂商合作，为扩大其产品和服务在国际市场的影响力做出了诸多努力。2019 年 10 月，在贵州省商务厅组织下，新天光电参加了 2019 年捷克布尔诺国际机械工业博览会，向海外客户全面展示了新天光电的系列产品和最新科技产品。同月，新天光电进出口公司参加了在日本东京举行的第一届“sinpo 光栅数显说明会”，为新天光电研制的电光栅数显产品在日本的业务拓展提供了保障。

3. 服务型制造

2018 年，新天光电启动生产型制造向服务型制造升级的征程，致力于高端仪器制造 + 专业测量服务的模式，努力将自身打造成为全面测量解决方案制造商与整合商。

2019 年，新天光电在向服务型制造转型升级的过程中，不仅销售规模增长，而且销售利润大幅增长。2020 年，公司在“服务型制造”战略的道路上迈出了坚实的步伐，成功研制出五米线纹尺自动检测仪、激光液面在线检测系统等，在技术创新上取得突破，并通过制造 + 服务的商业模式创新。新天光电的服务化升级过程中，走出了“专精特新”的发展路径和模式，实现了从价值链低端的生产制造、零部件组装等环节，向研发创新、市场推广、品牌建设等价值链高端环节升级，已建立起具有自身特色的精密光学仪器加工生产体系，实现了企业的高质量发展。

4. 智能制造

早在 2019 年 7 月，新天光电研制的 JY30 测径仪就成功亮相“立嘉国际智能装备展览会"，展现了新天光电向智能制造转型的决心。JY30 测径仪可以对各类刀具的零部件内外径进行智能化快速筛选和分批分类检测。

2020 年，新天光电紧跟智能化的步伐，努力开发智能化的检测技术，继续大阔步向智能制造升级。2020 年 12 月，为了整合贵阳市国有企业装备制造科研技术资源，由贵阳市工商投资集团和新天光电共同组建的贵阳市装备制造智能技术研究院成立。为推动贵阳市装备制造业转型升级，该研究院围绕智能装备制造业所需的技术和服务，基于市工商投资集团的科研实力、技术基础和市场化应用需求，开展精密计量、测控、数控加工、光学、软件开发及工业设计的研发，积极开展装备制造业技术服务和推动科技成果转化，也为装备制造领域智能技术创新评估、引进、企业孵化、第三方检测和人才培养等搭建一个资源共享服务平台，从而为贵阳市装备制造业技术和商业模式创新提供重要支撑。

在智能制造发展战略的指引下，新天光电高度注重开发智能技术、强调智能化研究成果的转化，强化对智能化人才的引进。公司开发了自动化检测系统、数字双生 3D 仿生系、SPC 工作小站和 JD60 多功能测长仪等智能产品。

新天光电建设的自动化检测系统结合了先进的检测和自动化技术，在新天光电的智能检测实验室，只见智能机器不见人，由智能机器人对检测工件进行抓取，自动开展检测，再自动将一串串数据汇总输出。自动化检测系统不仅能够智能化实施检测，还能够提供影像式、接触式、线激光、3D 激光、瑕疵检测等多样化检测方式。系统目前集成的检测设备及量具包括：立式和卧式影像刀具测量仪、测径仪、百分表、千分表、高度卡尺等，并可以根据实际情况扩展出更多检测设备和量具。自动化检测线测量精度和效率高，不仅可以极大提升现场使用效率，而且可通过互联网上传检测数据，能够将单一检测技术嫁接到客户生产线，通过各分工站单独运行检测分检系统，在提供高作效率的同时，也满足了客户多样化的检测需求。

数字双生 3D 仿生系统采用了先进的数字化智能仿生技术，能实时传输检测结果、仿生模拟各分工站的运行状态，自动化实现大批量数据的采集、存储和分析工作。数字双生系统还可对自动化检测环节中出现的标准值、公差带、检测结果等大量的数据进行自动整理分析，从而及时了解分工站生产加工环节的状态。数字双生3D仿生系统可对各个工站的运行状态进行仿生模拟，超前的“数字孪生3D”系统一目了然地展现出各个工站的运行状况，实现数据的集中统计分析、传输、共享。

新天光电研发了的SPC工作小站（测量系统分析）集多种生产现场测量设备、工量具于一体，具有数据测量、收集、无线传输、二维码扫描、统计分析等综合性功能。在SPC工作小站，全部通过智能机器完成工作，各分工站机器人正在进行工件抓取、开展自动化检测。SPC工作小站将各独立的生产现场设备单元联系在一起，实现生产过程各检测数据的集中统计分析、传输、共享及反馈，生产现场检测设备不再是完全独立的个体，而是可集成统一管理。各个工作站的数据通过工作站终端汇总，智能化报告整个生产过程状态，打破“信息孤岛”现象。此外，智能化机器人代替人工有序开展工作，消除了人工检测动作不规范等因素。智能机器通过运用控制图对生产过程进行分析评价，根据反馈信息及时发现和预防异常情况的出现，提前采取有效措施消除可能造成异常情况的因素，降低了产品不良率，并提升产品品质，最终控制产品过程质量。

JD60多功能测长仪采用优化的硬件设计和精密的测量计数系统，与传统仪器相比较，测量精度更高、功能更多、方式更简洁，不仅能够检测标准量块、螺纹规、环规、花键规、尺类等精密量规，还可检测各种精密工件的内外尺寸和中径。测量软件的标准包括：国际标准（GB）、国际标准（ISO）、英国标准（BS）、美国标准（ANSI）、德国标准（DIN）和日本标准（JIS）等。

（四）贵阳新天光电商业创新升级的效益

1. 提升技术研发能力

新天光电专注于光学计量仪器业务，所研发的光学计量产品项目多次荣获省级、部级及国家级科技成果奖。近年来，共研制新产品150余个，获奖项目 100 余个，其中，获全国科学大会奖 6 项，还获得国家级科技成果奖近 10 项，省、市级科技进步奖 90 余项。

2020 年初，新天光电创新研制的自动巡边和 CAD 功能顺利演示完成，其最新的高科技产品 JT7E CNCϕ1200 全自动大型投影仪达到了全国大型投影仪最高水平，各项性能指标顺利通过客户验收，正式交付给某重点军工客户使用。新天光电最新研制的 JT7E 大型投影仪系列产品采用进口金属光栅，承重能力强，测量精度高、运动范围大、应用范围广，能够实现 CNC 自动控制，具备全自动控制测量和数据处理功能，适合于制造设备大型零件的测量检测。

2020 年上半年，新豪公司成功生产一批新型多功能数显表。这些新型数显表和过去的机床数显表相比，功能更强、外观更美、性价比更高。

2020 年底成立的装备制造智能技术研究院通过与各大高校的合作，多渠道整合科研资源，不仅提升了产品研发周期和效率，创新了企业的人才培养机制，还助力于企业的服务化转型升级，为增强企业竞争力提供了不竭动力。

2. 提升品牌知名度

近 60 年的光学计量仪器专业研究和制造经验，铸就了新天光电品牌。公司以“树专业服务典范、做专业服务明星”为服务理念，在全国各地设立销售分公司、销售网络及技术服务网络，竭诚地为客户提供优质的产品和完善的服务。2009 年获得贵阳市“十大”高新技术企业称号，2018 年荣获贵州省技术创新示范企业称号。2021 年 7 月，新天光电荣获工业和信息化部颁布的“国家级专精特新小巨人企业”称号。

3. 提高生产效率

传统的装备制造企业，依靠的是低人工和采购成本战略运行，生产效率低。伴随着人工成本和采购成本的增加，传统制造企业面临的压力越来越大。2020 年，新天光电抓住智能制造的发展契机，助力贵州省打造智能产业“生态圈”。新天光电借助智能化和数据化赋能企业升级发展，通过智能化使企业强势“崛起”，提升了企业经营效益，同时还焕发了企业经营活力。例如，新天光电建成生产可视化综合管理平台后，生产过程中的数据管理成本降低了约20%，生产效率提升了约30%，问题及时响应率提升了约30%。

此外，实施智能化升级后，生产制造过程中，降低了人工操作容易出现的失误和标准不稳定等问题，不仅提高了生产效率，而且使得新天光电的产品品质更好，提升了服务用户的水平。

4. 融入智能制造协同共享平台

为了助力制造企业智能化升级发展，贵阳市以智能制造为主攻方向，搭建贵州工业云平台等工业互联网平台，以提升企业在研发、采购、制造、服务等全流程的数字化管理能力，助力制造企业数字化转型和智能化升级。

2020年5月，贵州工投智造成功打造出“贵阳智能制造协同共享平台”，贵阳正以工业互联网平台为中心，全面赋能制造业数字化转型。新天光电等上100家制造企业都已加入到贵州工业云平台和智能制造协同共享平台。智能制造协同共享平台对企业生产经营过程、产品质量进行监督与管控，助力企业智能制造能力由基础级向规范级迈进，为企业信息化建设、集约化发展、精益化管理等提供助力，持续提升企业智能制造信息化建设和管理的能力。

五、本章小结

贵州正加快数字经济与工业企业深度融合，切实推动数据赋能实体经济，数字化产业与制造业融合已成为推动贵州经济发展的重要支撑。贵州正在抢占数字经济战略新机，通过数据赋能制造业高质量发展，具有贵州特色的现代工业体系正在逐步形成，制造业发展呈现良好态势，贵阳高新区、经开区和贵安新区等在工业和数字经济融合发展上成效显著，呈现出诸多制造企业创新升级的典型案例。

贵州航宇科技作为贵州制造企业创新升级的典范，通过数据化和智能化创新，增强了企业生产效率、降低了生产成本，提升了企业经济收益和竞争力。航宇科技通过数字化、智能化建设成功推动企业转型升级，智能生产线和智慧工厂将是贵州打造智能制造生态圈的重要力量。

贵州航天电器也是贵州制造企业创新升级的典型案例，公司通过精益管理数字化建设和智能制造，不仅提高了生产效率、降低了生产成本，还提升了产品质量、拓展了业务市场，增强了品牌竞争力。大数据 + 工业深度融合的模式，为贵州数字经济和工业实体经济的发展添砖加瓦。

贵阳新天光电抓住数字经济的契机，努力进行着创新变革。新天光电通过服务型制造转型和智能制造升级，不仅使生产效率高，产品更具竞争力，提升了企业品牌价值，还成功融入全省工业互联网和智能制造协同共享平台。新天光电的智能制造和服务型制造助力贵州打造智能产业“生态圈”。

数据赋能贵州制造业高质量发展，关键在于基于整体观创新数据的运用场景，以及通过数据技术和方法提升制造业的整体能力，最终实现数据赋能制造业价值增值的系统化协同过程。

第十二章

推动数据赋能贵州制造企业创新升级的政策建议

国际金融危机、新冠疫情之后，全球制造业格局面临重大调整。一方面，发达国家纷纷调整产业结构，更加重视实体经济，将制造业的发展作为提升国家竞争力的战略手段。美国提出"先进制造业国家战略计划"、德国提出"德国工业 4.0 战略"、英国提出"英国工业 2050 战略"。2020—2021 年，欧美国家密集出台多个政府文件推动实体经济升级发展，例如，美国 2020 年 10 月提出《关键与信息技术国家战略》，欧盟 2021 年 3 月发布的《欧盟数据战略》《人工智能白皮书》和"2030 数字罗盘"计划，英国 2020 年 9 月提出"国家数数据战略"，德国 2020 年 6 月提出《未来一揽子计划》等。另一方面，数字技术与制造业深度融合发展，特别是大数据、人工智能、云计算技术与制造业的融合不断深化，逐渐形成了新的产业业态和模式，这将有助于促进制造业的商业模式升级。我国制造业发展面临巨大挑战，同时也存在转型升级和创新发展的重大机遇。在此背景下，我国早在 2015 年就制定《中国制造 2025》作为我国实施制造业强国战略第一个十年的行动纲领，该纲领坚持制造强国的关键环节是进行结构调整，通过改造提升传统制造产业，推动传统的生产型制造转变为智能制造。《国民经济和社会发展第十四个五年规划和 2035 远景目标纲要》更是特别重视数字经济的发展和传统实体产业的数字化转型，借助现代数据技术发展实体产业的新业态新模式，构建实体经济和数字经济系统发展的现代产业体系。

在数字经济时代，依托现代数据技术赋能制造企业创新升级势在必行。企业创新作为一个系统的动态过程，在此过程中，对传统制造企业而言，一方面，由于传统生产模式的惯性和部分企业决策者的前瞻性和创新性不够，很多企业没有从战略高度上意识到制造企业创新升级的重要性和必要性。另一方面，一些制造企业即便意识到了创新在创造竞争优势方面的重大价值，但因为企业进行创新升级过程中，企业战略、组织结构、运营模式等转变会存在风险而缺少创新的勇气。作为实施主体的制造型企业，要调整企业发展战略，探寻合适的创新模式和路径，将企业的角色由"传统制造企业"转变为"智能制造企业"。制造企业从战略规划引导、技术应用、经费投入、人才培养、组织结构等，都相应地进行调整，使其有利于企业创新战略的实施。

创新是制造业发展过程中必然需要实施的举措，它促进了制造业的转型和升级。一些发达国家早在20世纪80年代就已经开始通过制造企业的创新模式促进产业升级。金融危机后，发达国家陆续实施“再工业化”战略，创造制造业竞争的新优势。纵观这些国家制造业的升级转型经验，在制造业升级转型的起步阶段，政府都采取了较大力度的财政、税收、金融扶持政策。中国还处于工业化进程的中后期，属于“制造业大国”，但离“制造业强国”还有较大距离，制造业的升级转型仍有很大的发展空间。作为数字经济与实体经济融合发展的政府部门，为推动贵州制造业商业模式创新发展，政府应从战略层面发挥“顶层设计者”的作用，制定相应的政策方针，完善财政税收金融政策、创新体系建设和人才引进力度等方面支持和引导数据赋能制造业，创造更适合的数字化开放创新环境，推动数据赋能制造企业创新升级。

一、制定制造企业创新升级战略，强化政府顶层设计

政府在经济发展过程中扮演着战略调控和顶层设计的角色。要实现贵州制造企业的创新升级和高质量发展，必须要制定贵州制造企业创新升级发展战略，强化政府的顶层设计作用。

（一）政府制定发布以制造企业创新升级为主题的战略规划

我国政府在工业发展、现代工业产业体系建设、先进制造业发展、智能制造发展、装备制造业发展以及数字经济发展等规划和指导意见文件中均提到了智能制造、先进制造、数据融合等对现代制造业发展的拉动作用。贵州目前已经将数字化发展和产业数字化转型纳入“十四五”规划，针对贵州制造业的发展提出了相应的政策举措，但还可以再依次出台更多

具体的战略部署。针对贵州制造业发展现状及其未来趋势，为进一步推动制造业商业模式创新，贵州省政府可以再制定发布以制造业商业模式创新或制造业与大数据、智能化融合发展等为主题的发展战略、规划和指导性意见，明确发展目标和重点任务，通过顶层设计引导基层设计。

（二）政府及各级部门要加强制造企业创新升级的宣传，逐渐形成有利于制造业与大数据融合的商业模式创新氛围

政府应继续加强推进互联网、人工智能、大数据、云计算和制造业深度融合工程，加强对制造企业创新升级的宣传，努力营造全省全社会共同推进制造业创新发展的良好氛围。加强对制造企业创新的典型企业，如苹果、海尔、华为等典型案例企业的总结和经验推广，为贵州制造企业的创新升级，诸如商业模式创新、服务化升级和服务创新等起到示范带动作用。还可以由政府或行业协会组织制造企业前往制造业商业模式创新较为成功的国家或地区，实地考察这些国家或地区制造业与数据融合发展创新的现状及成功经验。重点关注人工智能、智能制造与工业互联网、大数据制造、3D 打印制造等技术与系统的研究和应用，加快建设数据与制造深度融合集成的应用示范平台。

（三）将基础设施、产业配套等纳入总体规划，为制造企业创新升级提供基础性支撑

基础设施建设是实现制造业创新发展的基础，贵州制造企业的创新升级发展，需要从基础设施和产业配套建设入手。政府应大实施制造业基础再造工程，健全制造业基础设施支撑体系。政府要加快实施制造业基础再造工程，加快补齐制造业基础设施短板，包括制造企业创新发展的基础零部件、材料、软件、工艺和技术。此外，实施制造业共性技术研发创新计划，打造基础性技术研发平台，集中全省制造业力量，建设一批关键共性的制造业技术平台，为全省制造业提供公益性的技术支持服务，解决制造

企业关键共性的技术短板问题。

（四）加强制造业创新创业生态建设，为制造企业创新升级发展培植适宜土壤

创新创业的生态环境是实现制造业创新的重要推动力量。政府要优化制造业创新创业生态环境，积极促进产业科技开放合作。一是要营造良好的数字生态环境，以开放、健康、安全的数字生态环境支持制造业数字化转型；二是构建制造业与数字经济融合发展的政策法规体系，建立健全数据要素市场规范，加快建立数据资源产权、数据传输、安全保护的制度和规范性文件，为制造业企业对数据开发利用提供保障；三是营造公平竞争的营商环境，贵州近年来也特别重视营商环境的建设，营商环境的建设需要在基础设施和产业配套建设上加大投入，可以借鉴发达国家和地区先进的制造业创新发展经验，进一步完善产业配套体系，推进大中小企业协调发展；四是要深化改革制造业的市场准入制度，对大中小制造企业实施负面清单管理，严厉制止不正当竞争行为；五是要破除制约企业发展的机制体制障碍，全力优化提升，激发市场活力，为贵州制造业商业模式创新发展培植适宜土壤，从而推动贵州制造业高质量发展。

二、完善金融扶持政策

制造业与大数据深度融合的创新发展对资金的需求量较大，资金不足是很多的制造企业特别是中小企业转型发展中碰到的主要问题之一。为此，政府需要进一步完善金融体系，加强对制造企业商业模式创新的金融政策支持。

第一，引导银行业加大对制造业与大数据深度融合发展项目的信贷支持力度，为制造企业的数字化发展融资开辟审批程序的“绿色通道”，在

贷款额度、贷款期限及贷款利率等方面予以倾斜。

第二，积极发展非银行的金融机构，支持金融和投资类企业、信用和融资担保类企业以及小额贷款机构的发展，鼓励其为制造业数字化、智能化发展以及制造业与数据深度融合开发新的金融产品和服务，从而为制造企业商业模式创新提供金融服务，拓宽贵州制造业商业模式创新的融资渠道。

第三，引导社会资金进入贵州制造业商业模式创新发展中，支持符合条件的制造企业在境内外上市融资或发行公司债券、企业债券、短期融资券、中期票据等进行直接债务融资。引导风险投资基金对高新技术、智能化制造业的技术和服务创新的支持。

第四，鼓励规模较大的装备制造企业集团开展产融结合，通过装备租赁和融资租赁模式，建立相应的担保机制。鼓励制造企业通过并购重组方式，对企业资源进行优化配置。

三、加强财政税收政策扶持，打造一流税收营商环境

政府的财政税收政策应该积极引导贵州制造企业的创新进程，加大对制造业升级转型的财政支持和税收优惠力度，制定对制造企业数据创新的税收优惠政策，从而为贵州制造企业的创新发展打造一流的税收营商环境。具体可从以下三方面考虑：

首先，设立大数据与实体经济深度融合创新发展的专项资金，重点扶持贵州制造业数智化创新转型中的关键核心技术研发、公共服务平台建设、科技成果转化、营运模式创新等关键领域和薄弱环节。

其次，各级政府调整政府采购行为，加大对数据化、智能化制造企业产品和服务的采购倾斜力度，通过对制造企业创新过程中自主研发数字化、智能化产品和服务的政府采购，帮助提供数字化、智能化产品和服务的企业发展制造业商业模式创新，同时加强了制造企业进行商业模式创新

的导向作用。

最后，对制造企业数字化和智能化发展的科技研发、工业设计、金融保险、物流仓储、商业服务等创新模式提供免税或大幅度降低税率的政策。

四、完善制造业创新体系，提高制造企业的自主创新能力

与制造业强国相比，我国制造业的主要差距体现在研发环节和服务环节，自主创新能力不足，同时，企业的关键核心技术对先进企业的依赖程度还较为高。我国要由制造大国变为制造强国，关键点在于要坚持创新驱动，完善企业的主体地位和市场的导向作用、政产学研相结合制造业创新体系，提高制造业自主创新能力，在关键核心技术上由输入转变为输出，提高制造业投入和产出中的服务要素，在制造业全球产业链上占据高附加值环节。贵州制造业可考虑从以下四方面完善创新体系：

第一，扩大创新投入，制造业服务创新与技术创新并重。政府加大对重大技术创新项目和制造企业服务模式创新项目的经费数量的支持，同时也扩大小费用科研项目的立项数量。此外，政府应鼓励企业单独承担或企业与科研机构、高等院校共同承担科研项目的开发研究。

第二，加强大数据、人工智能和先进制造业的深度融合，大力推进制造领域新业态的培育。创新研究中心以产业集聚为基础，对已有的研发机构进行资源整合。在创新驱动发展战略的指导下，由政策主导，各行业协会组织，以产业集聚为基础，建立区域性的创新研究中心和重点实验室，形成贵州制造创新网络，为政府、企业、大学、科研机构等提供技术创新和服务创新的信息交流平台，促进政产学研结合，开发高端技术和先进制造服务模式，并及时投入生产和运营，加速成果转化，降低科研技术商业化的成本风险。

第三，完善增强制造企业自主创新能力的制度环境，引导企业有计划、持续地增加科研经费投入。强化制造业企业数据创新主体地位，鼓励制造企业加大自主创造资金投入，对没有科研投入的制造企业，要求其建立研发准备金制度并按制度执行，对已有准备金制度的企业，根据经核实的企业研发投入情况对企业实行普惠性财政补助。此外，鼓励发展天使投资、创业投资等投资基金的作用，加强对制造企业数据化、智能化创新发展的支持。

第四，加强对科研基础较好、创新能力较强的集团企业的支持。加强培育具有较强创新能力，且在国际上有品牌影响力的高科技创新企业。支持这批创新型龙头企业延伸产业链，增加数字化技术、人工智能技术等的投入和产出，成功实现制造业商业模式创新转型。并通过这批创新型龙头企业的辐射和带动，提升贵州制造企业的整体创新能力和转型升级。

第五，加强对企业技术和服务创新的支持。政府在重视技术和服务创新的同时，应鼓励和支持企业加强智能制造和数字化制造关键技术装备，如智能机器人、新型传感器、制造大数据等领域的研发和应用，鼓励对制造业商业模式创新中的服务模式、经营方式、运营模式、合作方式等的创新研究。

五、完善人才引进和培养体系

人才队伍的建设在经济发展中起着举足轻重的作用，贵州制造业的可持续性发展既需要具备技术背景、具有良好的管理沟通组织能力、熟悉跨行业流程的理解和操控并对国际市场有较强敏感性的领导和管理人才，又需要掌握本行业前沿技术、具备较强的学习能力和研发创新能力的技术人才，还需要了解行业发展、了解生产实际、具备较强学习和创新能力的技工人才。多层次的人力资源队伍为提升制造企业竞争力、实现制造业商业模式创新并使之得到持续、高效发展提供了支撑。

首先，在高层次和急需紧缺专业人才队伍建设中实行引进和培养并重的推动政策和措施。以提升制造企业的经营管理水平和竞争力为核心，实施制造企业的人才素质提升工程，培养一批优秀的制造企业家和经营管理高端人才。以提升制造业技术研发和产品设计能力为核心，实施先进制造科技创新技术之星培养工程和科技创新团队，着重打造“黔灵学者”“百人领军人才”和“千人创新创业人才”品牌工程，培养一批贵州制造业创新发展需要的具有国际领先水平的技术专家和创新型人才，培养一批从事先进技术研发的创新团队。

其次，还要通过积极有效的政策推动，对一些高层次和急需紧缺专业人才实施人才引进工程，加大力度引进发达地区的高端优秀人才。鼓励跨国公司与贵州制造企业、科研机构、高等院校合资建立高起点、规模化的研发中心，培养属于自己的研发队伍。扩展引智渠道，大规模引进国外公司退休的高级技术人员前来贵州工作。通过引进国内外高级技术创新人才，形成优势产业集聚人才、重点项目吸引人才的发展态势。

再次，继续加强对数字化制造和智能制造的相关人才培养。数据赋能制造业商业模式创新的关键在于是否具备数字化制造和智能制造的专业人才，政府必须推动人工智能、自动化、机械工程等各类专业人才的培养力度。

最后，完善在职人员培训体系，建设高素质人才队伍。建立一批培训机构，发展多类型的专业教育，提升企业现有在职人员的业务素质和学习能力。鼓励制造企业与高等院校合作，让企业在职员工走进高校的培训课堂，提升业务水平，同时也让高等院校的科研工作者走进企业现场，解决企业生产运作中存在的问题，在相互交流的过程中提升企业在职人员的业务素质，同时也使高校的科学研究更贴近解决生产实际问题。此外，加强完善职业资格认证制度，通过职业资格认证促进职工的自我提升。

参考文献

[1] Abou – foul M, Ruiz – alba J L, Soares A. The impact of digitalization and servitization on the financial performance of a firm: an empirical analysis [J]. Production Planning & Control, 2020, 6: 1—15.

[2] Adner R, Puranam P, Zhu F. What is different about digital strategy? From quantitative to qualitative change [J]. Strategy science, 2019, 4 (4): 251—342.

[3] Adomako S, Amankwah – Amoah J, Tarba S Y, Khand Z. Perceived corruption, business process digitization, and SMEs′degree of internationalization in sub – saharan africa [J]. Journal of business research, 2021, 123: 196—207.

[4] Ambroise L, Prim – allz I, Teyssier C, Peillon S. The environment – strategy – structure fit and performance of industrial servitized SMEs [J]. Journal of service management, 2018, 29 (2): 301—328.

[5] BAACK S. Datafication and empowerment: how the open data movement re – articulates notions of democracy, participation, and journalism [J]. Big Data & Society, 2015, 2 (2): 1—11.

[6] Barney J B. Firm Resource and Sustained Competitive Advantage [J]. Journal of Management, 1991, 17 (1): 99—120.

[7] Barney J B, Clark D N. Resource – based theory: Creating and sustaining competitive advantage [M]. New York: Oxford University Press, 2007.

[8] Baines T, Ziaee B A, Bustinza O F, et al. Servitization: revisiting the

state - of - the - art and research priorities [J]. International journal of operations & production management, 2017, 37 (2): 56—278.

[9] Banalieva E R, Dhanaraj C. Internalization theory for the digital economy [J]. Journal of international business studies, 2019, 50 (8): 1372—1387.

[10] Chanias S, Myers M D, Hess T. Digital transformation strategy making in pre - digital organization: The case of a financial services provider [J]. The Journal of Strategic Information Systems, 2019, 28 (01): 17—33.

[11] Chesbrough H. The era of open innovation [J]. Mit sloan management review, 2003, 44 (3): 35—41.

[12] Elia S, Giuffrida M, Mariani M M, Brescian S. Resources and digital export: An RBV perspective on the role of digital technologies and capabilities in cross - border e - commerce [J]. Journal of business research, 2021, 132: 158—169.

[13] Gebauer H, Fleisch E, Lamprecht C, Wortmann F. Growth paths for overcoming the digitalization paradox [J]. Business horizons, 2020, 63 (3): 313—323.

[14] Hagiu A, Wright J. When data creates competitive advantage [J]. Harvard Business Review, 2020 (1/2): 94—101.

[15] Hanelt A, Bohnsack R, Marz D, Antunes Marante C. A systematic review of the literature on digital transformation: insights and implications for strategy and organizational change [J]. Journal of management studies, 2020, 58 (5): 1159—1197.

[16] Lenka S, Parida V, Wincent J. Digitalization capabilities as enablers of value co - creation in servitizing firms [J]. Psychology & marketing, 2017, 34 (1): 92—100.

[17] Li L, Su F, Zhang W, Mao JY. Digital transformation by sme entrepreneurs: A capability perspective [J]. Information systems journal, 2018, 28 (6): 1129—1157.

[18] Majchrzak A, Markus M L, Wareham J. Designing for digital transformation: Lessons for information systems research from the study of ICT and societalchallenges [J]. MIS Quarterly, 2016, 40 (2): 267—277.

[19] Martinez - Caro E, Cegarra J, Alfonso - Ruizf. Digital technologies and firm performance: The role of digital organisational culture [J]. Technological forecasting and social change, 2020, 154 (5): 119962.

[20] Matt C, Hess T, Benlian A. Digital transformation strategies [J]. Business & Information Systems Engineering, 2015, 57 (5): 339—343.

[21] Mikalef P, Boura M, Lekakos G, Krogstie J. Big data analytics capabilities and innovation: the mediating role of dynamic capabilities and moderating effect of the environment [J]. British journal of management, 2019, 30 (2): 272—298.

[22] Nambisan S. Digital entrepreneurship: Toward a digital technology perspective of entrepreneurship [J]. Entrepreneurship Theory and Practice, 2017, 41 (6): 1029—1055.

[23] Barney J B, Wright M , Ketchen D J. The resource - based view of the firm: Ten years after 1991 [J]. Journal of Management, 2001, 27 (6): 625—641.

[24] Barney J B, Ketchen D J, Wright M. Future of resource - based theory: revitalization or decline? [J]. Journal of Management, 2011, 37 (5): 1299—1315.

[25] Bocken N M, Short S W, Rana P, Evans S. A Literature and Practice Review to Develop Sustainable Business Model Archetypes [J]. Journal of Clearner Production, 2014, (65): 42—56.

[26] Brillet P C, Riviere A, Garets V D. 2014. Perceived value of service innovation: a conceptual framework [J]. Journal of Business & Industrial Marketing, 29 (2): 164—172.

[27] Carmen L M, Pan S L, Ractham P. ICT - enabled Community Empowerment in Crisis Response: Social Media in Thailand Flooding 2011 [J].

Journal of the Association for Information Systems, 2015, 16 (3): 174—212.

[28] Cheema A S. Digital empowerment of citizens in rural India: issues and challenges [J]. Asian Journal of Multidisciplinary Studies, 2015, 3 (9): 25—29.

[29] Clauss T. Measuring Business Model Innovation: Conceptualization, Scale Development and Proof of Performance [J]. R & D Management, 2017, 47 (3): 385—403.

[30] Eylon D. Understanding empowerment and resolving its paradox: lessons from Mary Parker Follett [J]. Journal of Management History, 1998, 4 (1): 16—28.

[31] GALBRAITH J. Designing complex organizations [M]. Boston: Addison - Wesley Longman Publishing Co. , Inc. 1973, 156—177.

[32] Grönroos C. , Gummerus J. The service revolution and its marketing implications: Service logic vs service - dominant logic [J]. Managing Service Quality, 2014, 24 (3): 206—229.

[33] Gupta M, George J F. Toward the Development of a Big Data Analytics Capability [J]. Information & Management, 2016, 53 (8): 1049—1064.

[34] Gupta S, Kumar S, Kamboj S, Bhushan B, Luo Z. Impact of IS Agility and HR Systems on Job Satisfaction: An Organizational Information Processing Theory Perspective [J]. Journal of Knowledge Management, 2019, 23 (29): 1782—1805.

[35] Günther W, Mehrizi M H R, Huysman M, et al. Mind your data: an empirical analysis of how data influence value realization [J]. Academy of Management Annual Meeting Proceedings, 2018: 16399.

[36] Günther W A, Mehrizi M H R, Huysman M. Debating Big Data: A Literature Review on Realizing Value from Big Data [J]. The Journal of Strategic Information Systems, 2017, 26 (3): 191—209.

[37] Helfat C E , Finkelstein S , Mitchell W , Peteraf M, Singh H, Teece D, Winter S G. Dynamic Capabilities: Understanding Strategic Change in

Organizations [J]. Academy of Management Review, 2007, 30 (1): 203—207.

[38] Johnson A T, ESKILDSEN N B, THOMSEN T G, et al. Conceptualizing patient empowerment in cancer follow – up by combining theory and qualitative data [J]. Acta Oncologica, 2017, 56 (2): 232—238.

[39] Johnson M, et al. Reinventing Your Business Model [J]. Harvard Business Review, 2008, 86 (11): 50—59.

[40] Kanter R M. Powerlessness corrupts [J]. Harvard Business Review, 2010, 88 (7/8): 36.

[41] Kathryn A K. Digital empowerment: modeling the relationship between information technology use and employee empowerment [D]. Canada: Saint Mary's University, 1999.

[42] KONCZAK L J, STELLY D J, TRUSTY M L. Defining and measuring empowering leader behaviors: development of an upward feedback instrument [J]. Educational and Psychological Measurement, 2000, 60 (2): 301—313.

[43] LENKA S, PARIDA V, WINCENT J. Digitalization capabilities as enablers of value co – creation in servitizingfirms [J]. Psychology and Marketing, 2017, 34 (1): 92—100.

[44] Leong C M L, Pan S L, Newell S, et al. The emergence of self – organizing e – commerce ecosystems in remote villages of China: a tale of digital empowerment for Rural Development [J]. Mis Quarterly, 2016, 40 (2): 475—484.

[45] Ling C L M, Pan S L, Ractham P, Kaewkitipong L. ICT – enabled community empowerment in crisis response: social media in Thailand flooding 2011 [J]. Journal of the Association for Information Systems, 2015, 16 (3): 174—212.

[46] Makinen M. Digital empowerment as a process for enhancing citizens' participation [J]. E – learning and Digital Media, 2006, 3 (3): 381—395.

[47] Martins L L, Rindova V P, Greenbaum B E. Unlocking the hidden

value of concepts: a cognitive approach to business model innovation [J]. Strategic Entrepreneurship Journal, 2015, 9 (1): 99—117.

[48] Martin E. Special Issue: The Evolution of Firm Capabilities Dynamic Capabilities: What Are They? [J]. Strategic Management Journal, 2000, 21 (10-11): 1105—1121.

[49] Mu Y, Chunjia H. Stimulating innovation: Managing peer interaction for idea generation on digital innovation platforms [J]. Journal of Business Research. https://doi.org/10.1016/j.jbusres.2019.08.005.

[50] Opresnik D, Taisch M. The value of big data in servitization [J]. International Journal of Production Economics, 2015, 165: 174—184.

[51] Paritala P K, Manchikatla S, Yarlagadda P K D V. Digital Manufacturing-Applications Past, Current, and Future Trends [J]. Procedia engineering, 2017, 174: 982—991.

[52] Peteraf M A. The cornerstones of competitive advantage: A resource-based view [J]. Strategic Management Journal, 1993, 14 (3): 179—191.

[53] Ranjit G, Cristian M, Yuya K. Business, innovation and digital ecosystems landscape survey and knowledge cross sharing [J]. Technological Forecasting & Social Change, 2019, 147: 100—109.

[54] Ritter T, Pedersen C L. Digitization capability and the digitalization of business models in business-to-business firms: Past, present, and future [J]. Industrial marketing management, 2020, 86 (4): 180—190.

[55] Sara F J, Graca M S, Paulo J G et al. Determinants of users' continuance intention toward digital innovations: Are late adopters different? [J]. Journal of Business Research, 2019: 1—9.

[56] Spieth P, Schneider S. Business Model Innovativeness: designing a Formative Measure for Business Model Innovation [J]. Journal of Business Economics, 2016, 86 (6): 671—696.

[57] Spreitzer G. Giving peace a chance: organizational leadership, empowerment, and peace [J]. Journal of Organizational Behavior, 2007, 28

(8): 1077—1095.

[58] Suarez F F, Cusumano M A, Kahl S J. Services and the business models of product firms: An empirical analysis of the software industry [J]. Management Science, 2013, (59): 420—435.

[59] Teece D J, Pisano G, Shuen A. Dynamic capabilities and strategic management [J]. Strategic management journal, 1997, 18 (7): 509—533.

[60] Teece D J. Explicating dynamic capabilities: the nature and microfoundations of (sustainable) enterprise performance [J]. Strategic Management Journal, 2010, 28 (13): 1319—1350.

[61] Teece D J. Dynamic capabilities and strategic management: Organizing forinnovation and growth [M]. New York: Oxford University Press, 2009.

[62] Teece D J. Explicating dynamic capabilities: The nature and microfoundations of (sustainable) enterprise performance [J]. Strategic management journal, 2007, 28 (13): 1319—1350.

[63] Teece D J. Profiting from innovation in the digital economy: Enabling technologies, standards, and licensing models in thewireless world [J]. Research policy, 2018, 47 (8): 1367—1387.

[64] Timmers P. Business Models for Electronic Markets [J]. Journal on Electronic Markets, 1998, 8 (2): 3—8.

[65] TIM Y, PAN S L, BAHRI S, et al. Digitally enabled affordances for community—driven environmental movement in rural Malaysia [J]. Information Systems Journal, 2017, 28 (1): 48—75.

[66] TUSHMAN M L, NADLER D A. Information processing as an integrating concept in organizational design [J]. Academy of Management Review, 1978, 3 (3): 613—624.

[67] Usai A, Fiano F, Petruzzelli A M, Paoloni P, Orlando O. Unveiling the impact of the adoption of digital technologies on firms´innovation performance [J]. Journal of business research, 2021, 133: 327—336.

[68] Verhoef P C, Broekhuizen T, Bart Y, Bhattacharya A, Qi Dong J,

Fabian N, Haenlein M. Digital Transformation: A multidisciplinary reflection and research agenda [J]. Journal of Business Research, 2019, 12 (1): 11—33.

[69] Vial G. Understanding digital transformation: A review and a research agenda [J]. The Journal of Strategic Information Systems, 2019, 28 (2): 118—144.

[70] Velu C. Business model innovation and third - party alliance on the survival of new firms [J]. Technovation, 2015, 35: 1—11.

[71] Vargo S L, Lusch R F. Institutions and axioms: an extension and update of service - dominant logic [J]. Journal of the Academy of Marketing Science, 2016, 44 (1): 5—23.

[72] WANG E T G, TAI J C F, GROVER V. Examining the relational benefits of improved interfirm information processing capability in buyer - supplier dyads [J]. MIS Quarterly, 2013, 37 (1): 149—173.

[73] Wise R, Baumgartner P. Go downstream: the new profit imperative in manufacturing [J] . Harvard Business Review, 1999, 77 (5): 133—141.

[74] Wemerfelt B. A resource - based view of the firm [J]. Strategic Management Journal, 1984, 5 (2): 171—180.

[75] YING W, JIA S, DU W. Digital enablement of blockchain: evidence from HNA Group [J]. International Journal of Information Management, 2018, 39: 1—4.

[76] Yin R K. Case study research: Design and Methods, 5th ed [M]. California: Sage, 2014.

[77] Zelt S, Recker J, Schmiedel T, Brocke JV. A theory of contingent business process management [J]. Business Process Management Journal, 2019, 25 (6): 1291—1316.

[78] Den Hertog P, Van der Aa W, De Jong M W. Capabilities for managing service innovation: towards a conceptual framework [J]. Journal of Service Management, 2010, 21 (4): 490—514.

[79] 陈春花，朱丽，钟皓，刘超，吴梦玮，曾昊．中国企业数字化生

存管理实践视角的创新研究［J］. 管理科学学报，2019，22（10）：1—8.

［80］陈道志，王平华，宋远方. 价值视角下互联网企业商业模式创新路径研究［J］. 现代管理科学，2016（10）：48—50.

［81］陈冬梅，王俐珍，陈安霓. 数字化与战略管理理论——回顾、挑战与展望［J］. 管理世界，2020，36（5）：220—236，20.

［82］陈剑，黄朔，刘运辉. 从赋能到使能——数字化环境下的企业运营管理［J］. 管理世界，2020（2）：117—128.

［83］陈劲，杨文池，于飞. 数字化转型中的生态协同创新战略——基于华为企业业务集团（EBG）中国区的战略探讨［J］. 清华管理评论，2019（6）：22—26.

［84］陈金亮，赵雅欣，林嵩. 智能制造能促进企业创新绩效吗？［J］. 外国经济与管理，2021，43（9）：83—101.

［85］陈庆江，王彦萌，万茂丰. 企业数字化转型的同群效应及其影响因素研究［J］. 管理学报，2021，18（5）：653—663.

［86］陈雪频. 一本读懂数字化转型［M］. 机械工业出版社，2023 年 1 月.

［87］陈一华，张振刚，黄璐. 制造企业数字赋能商业模式创新的机制与路径［J］. 管理学报，2021，18（5）：731—740.

［88］池毛毛，叶丁菱，王俊晶，翟姗姗. 我国中小制造企业如何提升新产品开发绩效——基于数字化赋能的视角［J］. 南开管理评论，2020，23（3）：63—75.

［89］陈国青，曾大军，卫强，张明月，郭迅华. 大数据环境下的决策范式转变与使能创新［J］. 管理世界，2020，26（2）：95—105，211.

［90］戴浩. 指挥控制的理论创新——网络赋能的 C2［J］. 指挥与控制学报，2015，1（1）：99—106.

［91］杜传忠，杨志坤，宁朝山. 互联网推动我国制造业转型升级的路径分析［J］. 地方财政研究，2016（6）.

［92］冯文娜，刘如月. 互动导向、战略柔性与制造企业服务创新绩效［J］. 科研管理，2021，42（3）：80—89.

[93] 傅颖，徐琪，林嵩．在位企业流程数字化对创新绩效的影响——组织惰性的调节作用［J］．研究与发展管理，2021，33（1）：78—89.

[94] 贵州航天电器股份有限公司官网 http：//zggyljqjyw. 51sole. com/.

[95] 贵州航宇科技发展股份有限公司官网 http：//www. gzhykj. net/cn/Index. aspx.

[96] 贵阳新天光电科技有限公司官网 http：//www. chfoic. com/.

[97] 霍媛媛．以大数据技术驱动制造业转型升级［J］．人民论坛，2019（25）.

[98] 郝金磊，尹萌．分享经济：赋能、价值共创与商业模式创新——基于猪八戒网的案例研究［J］．商业研究，2018（5）：31—40.

[99] 何枭吟．数字经济发展趋势及我国的战略抉择［J］．现代经济探讨，2013（3）：39—43.

[100] 胡查平，汪涛．制造业服务化战略转型升级：演进路径的理论模型——基于 3 家本土制造企业的案例研究［J］．科研管理，2016，37（11）：119—126.

[101] 胡海波，卢海涛．企业商业生态系统演化中价值共创研究——数字化赋能视角［J］．经济管理，2018（8）：55—71.

[102] 简兆权，陈键宏，郑雪云．网络能力、关系学习对服务创新绩效的影响研究［J］．管理工程学报，2014，28（3）：91—99.

[103] 简兆权，刘念．动态能力构建机理与服务创新绩效——基于佛朗斯的服务平台转型研究［J］．科学学与科学技术管理，2019，40（12）：84—101.

[104] 焦豪，杨季枫，王培暖，李倩．数据驱动的企业动态能力作用机制研究——基于数据全生命周期管理的数字化转型过程分析［J］．中国工业经济，2021（11）：174—192.

[105] 李鸿磊．基于价值创造视角的商业模式分类研究——以三个典型企业的分类应用为例［J］．管理评论，2018，30（4）：257—272.

[106] 李天柱，刘小琴，李潇潇．对当前“制造业服务化”研究的若干理论辨析［J］．中国科技论坛，2018（6）.

[107] 金珺，陈赞，李诗婧．数字化开放式创新对企业创新绩效的影响研究——以知识场活性为中介［J］．研究与发展管理，2020，32（6）：39—49.

[108] 李少波．德国“工业战略”对贵州装备制造业的启示［J］．当代贵州，2020（4）：79.

[109] 李少波．推动贵州制造业高质量发展［J］．当代贵州，2019（3）：119.

[110] 李鸿磊．基于价值创造视角的商业模式分类研究——以三个典型企业的分类应用为例［J］．管理评论，2018，30（4）：257—272.

[111] 令狐克睿，张丹．社群经济下的报业商业模式创新［J］．中国编辑，2018（8）：26—31.

[112] 刘绍荣，夏宁敏．商业赋能平台：智能时代的商业模式变革——以贝壳与58同城的平台攻防战为例［J］．清华管理评论，2019（Z1）：124—134.

[113] 刘亚军．互联网使能、金字塔底层创业促进内生包容性增长的双案例研究［J］．管理学报，2018，15（12）：1761—1771.

[114] 刘洋，董久钰，魏江．数字创新管理：理论框架与未来研究［J］．管理世界，2020（1）：198—217.

[115] 刘平峰，张旺．数字技术如何赋能制造业全要素生产率？［J］．科学学研究，2021，39（8）：1396—1406.

[116] 刘启雷，张媛，雷雨嫣，陈关聚．数字化赋能企业创新的过程、逻辑及机制研究［J］．科学学研究，2022，40（1）：150—159.

[117] 刘如月，杨蕙馨．制造企业的用户整合对服务创新绩效的影响［J］．管理科学，2020，33（2）：33—49.

[118] 刘绍荣，夏宁敏．商业赋能平台：智能时代的商业模式变革——以贝壳与58同城的平台攻防战为例［J］．清华管理评论，2019（Z1）：124—134.

[119] 刘淑春，闫津臣，张思雪，林汉川．企业管理数字化变革能提升投入产出效率吗？［J］．管理世界，2021，37（5）：170—190，13.

[120] 刘亚军．互联网使能、金字塔底层创业促进内生包容性增长的双案例研究［J］．管理学报，2018，15（12）：1761—1771.

[121] 刘洋，董久钰，魏江．数字创新管理：理论框架与未来研究［J］．管理世界，2020，36（1）：198—217.

[122] 刘意，谢康，邓弘林．数据驱动的产品研发转型：组织惯例适应性变革视角的案例研究［J］．管理世界，2020，36（3）：164—183.

[123] 柳卸林，董彩婷，丁雪辰．数字创新时代：中国的机遇与挑战［J］．科学学与科学技术管理，2020，41（6）：1—19.

[124] 罗珉，李亮宇．互联网时代的商业模式创新：价值创造的视角［J］．中国工业经济，2015（1）：95—107.

[125] 罗仲伟，李先军，宋翔，等．从“赋权”到“赋能”的企业组织结构演进——基于韩都衣舍案例的研究［J］．中国工业经济，2017（9）：174—192.

[126] 吕铁，李载驰．数字技术赋能制造业高质量发展：基于价值创造和价值获取的视角［J］．学术月刊，2021，53（4）：56—65，80.

[127] 孟方琳，汪遵瑛，赵袁军，等．数字经济生态系统的运行机理与演化［J］．宏观经济管理，2020（2）：50—58.

[128] 孟方琳，汪遵瑛，赵袁军，姚歆．数字经济生态系统的运行机理与演化［J］．宏观经济管理，2020（2）：50—58.

[129] 倪克金，刘修岩．数字化转型与企业成长：理论逻辑与中国实践［J］．经济管理，2021（12）：79—97.

[130] 戚聿东，肖旭．数字经济时代的企业管理变革［J］．管理世界，2020，36（6）：135—152，250.

[131] 戚聿东，杜博，温馨．国有企业数字化战略变革：使命嵌入与模式选择——基于3家中央企业数字化典型实践的案例研究［J］．管理世界，2021，37（11）：137—158，10.

[132] 冉茂燚．新天光电发力智能制造——助力打造贵阳智能产业“生态圈”［N］．贵阳日报，2020-12-13.

[133] 潘善琳，崔丽丽．SPS案例研究方法［M］．北京：北京大学出

版社，2016：88—128.

［134］蒲学光，曾帅．贵州航宇科技：从“追赶者”到“领跑者”［N］．天眼新闻，2019-06-20.

［135］孙新波，苏钟海．数据赋能驱动制造业企业实现敏捷制造案例研究［J］．管理科学，2018（5）：117—130.

［136］孙新波，苏钟海，钱雨，张大鹏．数据赋能研究现状及未来展望［J］．研究与发展管理，2020，32（2）：155—166.

［137］苏钟海，孙新波，李金柱，张金隆．制造企业组织赋能实现数据驱动生产机理案例研究［J］．管理学报，2020，17（11）：1594—1605.

［138］孙中伟．从“个体赋权”迈向“集体赋权”与“个体赋能”：21世纪以来中国农民工劳动权益保护路径反思［J］．华东理工大学学报（社会科学版），2013（2）：10—20.

［139］陶长琪，周璇．产业融合下的产业结构优化升级效应分析：基于信息产业与制造业耦联的实证研究［J］．产业经济研究，2015（3）：21—31.

［140］谭清美，陈静．信息化对制造业升级的影响机制研究：中国城市面板数据分析［J］．科技进步与对策，2016，33（20）：55—62.

［141］王梦菲，张昕蔚．数字经济时代技术变革对生产过程的影响机制研究［J］．经济学家，2020（1）：52—58.

［142］王墨林，宋渊洋，阎海峰，张晓玉．数字化转型对企业国际化广度的影响研究：动态能力的中介作用［J］．外国经济与管理，2021（12）．https：//doi.org/10.16538/j.cnki.fem.20211212.2.

［143］王鹏程，刘善仕，刘念．组织模块化能否提高制造企业服务创新绩效？——基于组织信息处理理论的视角［J］．管理评论，2021，33（11）：157—169.

［144］魏江，刘嘉玲，刘洋．新组织情境下创新战略理论新趋势和新问题［J］．管理世界，2021，37（7）：182—197，13.

［145］魏江，刘洋，应瑛．商业模式内涵与研究框架建构［J］．科研管理，2012，33（5）：107—114.

[146] 魏炜，蔡春华．赋能型 VS 使能型，选择哪种生态圈 [J]．中欧商业评论，2018（4）：1—5.

[147] 吴超，饶佳艺，乔晗，胡毅，汪寿阳．基于社群经济的自媒体商业模式创新——“罗辑思维”案例 [J]．管理评论，2017，29（4）：255—263.

[148] 吴梦，白新文．动机性信息加工理论及其在工业与组织心理学中的应用 [J]．心理科学进展，2012，20（11）：1889—1898.

[149] 吴一凡．“贵州造”融入全球航空产业链丨航宇科技“航空环锻件柔性智能生产线”全线启动 [N]．天眼新闻，2021-09-28.

[150] 吴义爽，盛亚，蔡宁．基于互联网 + 的大规模智能定制研究——青岛红领服饰与佛山维尚家具案例 [J]．中国工业经济，2016（4）：127—143.

[151] 吴非，胡慧芷，林慧妍，等．企业数字化转型与资本市场表现——来自股票流动性的经验证据 [J]．管理世界，2021，37（7）：130—144.

[152] 吴晓波，房珂一，吴东．超越追赶下制造企业服务化能力的动态演化 [J]．科学学研究，2020，38（11）：1944—1953，2019.

[153] 肖静华，胡杨颂，吴瑶．成长品：数据驱动的企业与用户互动创新案例研究 [J]．管理世界，2020（3）：183—204.

[154] 肖静华，吴小龙，谢康，吴瑶．信息技术驱动中国制造转型升级——美的智能制造跨越式战略变革纵向案例研究 [J]．管理世界，2021（3）：161—179，225.

[155] 谢卫红，李忠顺，李秀敏，马风华．数字化创新研究的知识结构与拓展方向 [J]．经济管理，2020（12）：184—202.

[156] 谢卫红，林培望，李忠顺，等．数字化创新：内涵特征，价值创造与展望 [J]．外国经济与管理，2020，42（9）：19—31.

[157] 徐鑫，刘兰娟．信息基础设施建设对上海经济转型的影响：基于区域 CGE 模拟分析 [J]．华东经济管理，2014，28（7）：11—14.

[158] 严子淳，李欣，王伟楠．数字化转型研究：演化和未来展望

[J]. 科研管理, 2021, 42 (4): 21—34.

[159] 杨蕙馨, 张金艳. 颠覆性技术应用何以创造价值优势?——基于商业模式创新视角 [J]. 经济管理, 2019 (3): 21—37.

[160] 杨艳玲, 田宇. 基于互动导向的服务创新绩效影响机制研究 [J]. 科研管理, 2020, 41 (6): 191—198.

[161] 余菲菲, 曹佳玉, 杜红艳. 数字化悖论: 企业数字化对创新绩效的双刃剑效应 [J]. 研究与发展管理, 2021 (11). https: //doi. org/10. 13581/j. cnki. rdm. 20210035.

[162] 余江, 孟庆时, 张越, 等. 数字创业: 数字化时代创业理论和实践的新趋势 [J]. 科学学研究, 2018, 36 (10): 1801—1818.

[163] 昌忠泽, 孟倩. 信息技术影响产业结构优化升级的中介效应分析——来自中国省级层面的经验证据 [J]. 经济理论与经济管理, 2018 (6): 39—42.

[164] 曾德麟, 欧阳桃花, 周宁, 等. 基于信息处理的复杂产品制造敏捷性研究: 以沈飞公司为案例 [J]. 管理科学学报, 2017, 20 (6): 1—17.

[165] 曾德麟, 蔡家玮, 欧阳桃花. 数字化转型研究: 整合框架与未来展望 [J]. 外国经济与管理, 2021, 43 (5): 63—76.

[166] 曾锵. 大数据驱动的商业模式创新 [J]. 科学学研究, 2019, 37 (6): 1142—1152.

[167] 曾帅. 航宇科技: "大数据 + 智能制造" 让企业成为世界一流航空零部件供应 [N]. 天眼新闻, 2021 - 03 - 11.

[168] 翟云, 蒋敏娟, 王伟玲. 中国数字化转型的理论阐释与运行机制 [J]. 电子政务, 2021 (6): 67—84.

[169] 张明超, 孙新波, 王永霞. 数据赋能驱动精益生产创新内在机理的案例研究 [J]. 南开管理评论, 2021a, 24 (3): 102—114.

[170] 张明超, 孙新波, 钱雨. 数据赋能驱动制造企业 C2M 反向定制模式创新实现机理 [J]. 管理学报, 2021b, 18 (8): 1175—1186.

[171] 张璐, 周琪, 苏敬勤, 长青. 基于战略导向与动态能力的商业模式创新演化路径研究——以蒙草生态为例 [J]. 管理学报, 2018, 15

(11)：1581—1620.

［172］张远，李焕杰．数字化转型与制造企业服务化［J］．中国流通经济，2022，36（2）：90—106.

［173］张振刚，肖丹，许明伦．数据赋能对制造业企业绩效的影响：战略柔性的中介作用［J］．科技管理研究，2021（10）：126—131.

［174］周键，王庆金，周雪．国外开放式服务创新研究的学术群类——基于作者共被引分析［J］．中国科技论坛，2018，34（1）：150—157.

［175］周文辉，邓伟，陈凌子．基于滴滴出行的平台企业数据赋能促进价值共创过程研究［J］．管理学报，2018a，15（8）：1110—1119.

［176］周文辉，王鹏程，杨苗．数字化赋能促进大规模定制技术创新［J］．科学学研究，2018b，36（8）：1516—1523.

［177］周文辉，杨苗，王鹏程，王昶．赋能、价值共创与战略创业：基于韩都与芬尼的纵向案例研究［J］．管理评论，2017，29（7）：258—272.

［178］赵大伟，景爱萍．数据赋能视角下在线出行服务动态价值共创过程研究［J］．商业研究，2019（4）：22—30.

［179］赵宸宇．数字化发展与服务化转型——来自制造业上市公司的经验证据［J］．南开管理评论，2021，24（2）：149—163.

［180］祝合良，王春娟．"双循环"新发展格局战略背景下产业数字化转型：理论与对策［J］．财贸经济，2021（3）：14—27.

［181］陈春花，朱丽，钟皓，刘超，吴梦玮，曾昊．中国企业数字化生存管理实践视角的创新研究［J］．管理科学学报，2019，22（10）：1—8.

［182］陈冬梅，王俐珍，陈安霓．数字化与战略管理理论——回顾、挑战与展望［J］．管理世界，2020，36（5）：220—236，20.

［183］陈金亮，赵雅欣，林嵩．智能制造能促进企业创新绩效吗？［J］．外国经济与管理，2021，43（9）：83—101.

［184］陈劲，杨文池，于飞．数字化转型中的生态协同创新战略——基于华为企业业务集团（EBG）中国区的战略探讨［J］．清华管理评论，2019（6）：22—26.

［185］陈庆江，王彦萌，万茂丰．企业数字化转型的同群效应及其影响因素研究［J］．管理学报，2021，18（5）：653—663．

［186］陈一华，张振刚，黄璐．制造企业数字赋能商业模式创新的机制与路径［J］．管理学报，2021，18（5）：731—740．

［187］傅颖，徐琪，林嵩．在位企业流程数字化对创新绩效的影响——组织惰性的调节作用［J］．研究与发展管理，2021，33（1）：78—89．

［188］刘平峰，张旺．数字技术如何赋能制造业全要素生产率？［J］．科学学研究，2021，39（8）：1396—1406．

［189］刘启雷，张媛，雷雨嫣，陈关聚．数字化赋能企业创新的过程、逻辑及机制研究［J］．科学学研究，2022，40（1）：150—159．

［190］刘洋，董久钰，魏江．数字创新管理：理论框架与未来研究［J］．管理世界，2020，36（1）：198—217．

［191］刘意，谢康，邓弘林．数据驱动的产品研发转型：组织惯例适应性变革视角的案例研究［J］．管理世界，2020，36（3）：164—183．

［192］柳卸林，董彩婷，丁雪辰．数字创新时代：中国的机遇与挑战［J］．科学学与科学技术管理，2020，41（6）：1—19．

［193］吕铁，李载驰．数字技术赋能制造业高质量发展：基于价值创造和价值获取的视角［J］．学术月刊，2021，53（4）：56—65＋80．

［194］孟方琳，汪遵瑛，赵袁军，姚歆．数字经济生态系统的运行机理与演化［J］．宏观经济管理，2020（2）：50—58．

［195］倪克金，刘修岩．数字化转型与企业成长：理论逻辑与中国实践［J］．经济管理，2021（12）：79—97．

［196］戚聿东，肖旭．数字经济时代的企业管理变革［J］．管理世界，2020，36（6）：135—152＋250．

［197］王墨林，宋渊洋，阎海峰，张晓玉．数字化转型对企业国际化广度的影响研究：动态能力的中介作用［J］．外国经济与管理，2021（12）．

［198］吴非，胡慧芷，林慧妍，等．企业数字化转型与资本市场表现——来自股票流动性的经验证据［J］．管理世界，2021，37（7）：130—144．